あなたの素敵な人生のために

心の散歩

車 吉辰

WASEDA INTELLIGENCE

カバーデザイン／渡邊　民人（TYPEFACE）
本文デザイン／堀内　美保（TYPEFACE）

序言

縁は心をかすめる風

振り返ってみれば、私の人生の中ですれ違った多くの縁。
私は縁に対してまたあらためて考えてみました。

夜になると落ちる無数の花びらより、ふと木の枝をかすめる縁のほうが、月の姿よりさらに美しいという気がしました。一瞬、一瞬かすめる縁の永劫……。そのかすめることの中で人生の真実を悟ることがあります。

ふだん、いろいろな意味で感謝と有り難みを誓い合った人々が、簡単に離れていくことも分かりました。むしろ、名も知れずすれ違った一人ひとり、そして事物のほうが、長い間胸の奥底に留まっていることを感じます。

言葉より心が重要なのです。

都市のコンクリートの大地の中で、名もなく咲く花を眺めます。自身に与えられた生命をつくして咲いたその花を眺めながら、私はやはり生命をつくして、その花を迎えなければならないという人生の姿勢を考えます。

常に周辺で、有り難くて感謝しますと伝える縁も離れていきます。離れた縁の席には、また他の縁が座ることもあれば、そうでないこともあります。重要なのは心の姿勢というものです。

世の中を満たすもの……。それは心です真実の愛も魂も心から始まります。

世の中すべての縁は心をかすめるひとつの風のようなものかも知れません。

七年~二十年の間やみの中にあって、世の中に出てきてわずかな時を鳴いて逝くセミのように、沈黙の中、恐ろしいほどの愛を詠う蛍の光のように、森羅万象が瞬間にあって、かすめる風の縁の中にあります。

言葉が存在の家なら、愛は魂の家、心はその間をながれるひとつの風です。

人生の話も心からの言葉、話でこそそれ以上のものになります。

心は心が分かるもの。忙しい日常の中の心の散歩。それはとても意味が深いものになります。

世の中は一輪の花。私との縁で〝心の散歩〟をされるあなたのすてきな人生のために、豊かな幸福が訪れることを願うばかりです。

〝縁〟もまた〝心〟であることです。

二〇〇八年　車吉辰《チャギルジン》

心の散歩

あなたの素敵な人生のために

目次

第2章

世の中を知ればよく生きられる

第3章

金持ちを知れば よく生きられる

第4章　愛を知ればよく生きられる

第5章

見えない世界を知ればよく生きられる

第6章

魂を知ればよく生きられる

第1章

自分を変えれば
よく生きられる

失敗する人の10の特徴

カードによる借金を苦に自殺を決心した人がいました。

「私の給料は二百万ウォン（一ウォンは約0.067円）ですが、借金は途方もない額です。私の能力では返すあてがありません」

「それでどうしたいのですか」

「私は死ぬしかありません」

「それならどうして私を訪ねてきたのですか」

「法師様に会ってから死んだら、あの世に行っても手厚くもてなしてもらえるのではないかと思いまして」

俗説ですが、あの世に行く時には〝忘却の薬〟を飲まされるため、この世のことを記憶することはできません。なので、彼があの世に行っても法師《ほうし》（仏教の経典に詳しく、人の師となる学識・経験を備えた僧侶）という人を覚えていることはないでしょう。わざわざ会いにきたのに無駄足になってしまいました。

彼は大変な失敗を経験してこの法師に会いにきた人です。ここに至るまでどれほどの苦しみがあったのでしょうか。人を死に追い込むほど、失敗は恐ろしいものなのです。

私の信じるところでは、誰でも人生で三回は成功するための機会が訪れるといわれていますが、失敗は絶えず訪れます。なぜなら失敗の原因はまさに自分自身にあるからです。私は、失敗を経験した人々に数多く会ってきた結果、次のような特徴を見つけました。

1　責任を他人に転嫁する人

2　責任を自分にだけ向ける人

3　目標がない人

4　誤った目標を持っている人
5　焦燥感の強い人
6　成功への近道を避けて常に回り道をする人
7　小さいことを無視する人
8　諦めが早すぎる人
9　過去にとらわれて生きる人
10　成功の幻想にとらわれている人

これら10の特徴、すなわちその原因を取り除けば、失敗の人生を成功の人生へと変えることができます。失敗は決して人間を死に追い込むほど大きな試練ではありません。失敗を恐れないでください。人生の過程に失敗はつきもので、人間は誰しも失敗するようにできています。

限りある人間が、無限の宇宙の志を理解することは容易ではありません。有名な作家へミングウェイの著書『老人と海』の中で、結局は骨だけになった巨大な魚を釣り上げるように、失敗するようにできているのが人生のコンセプトです。人生の究極の目標は魂の成熟であり、失敗こそが魂を成熟させる最もよい方法のひとつであるため、生きていくうえで失敗は必要なことなのです。

「私は決して失敗しない」と思い込んでいる人たちは、一度失敗すると死ぬことを先に考えます。また大した苦労もなく裕福に生まれ育った世代ほど、自殺を軽く考える傾向があります。家族や愛、事業の失敗は人間を強くするための過程に過ぎません。この過程をありのまま受け入れて、しっかりと立ち上がることで、失敗との戦いに勝つことができるのです。

失敗した時、賢い人は「人生に失敗はつきものだ」と楽観的に受け入れます。ですから、どうせ失敗する人生だからといって自暴自棄になったり不誠実に生きたりしてはいけません。

人生には生老病死、喜怒哀楽があります。そして人生には山もあり谷もあります。いくら努力しても失敗はつきものなのです。それでも何事にも誠意を尽くして努力する人は成功できます。

失敗という試練を克服し、世の荒波に鍛えられ、自分の魂をグレードアップさせる人こそが人生をよく生きる人です。

死ぬ瞬間にも笑え

「笑ってください。たくさん笑ってください」
「笑えることがなくて笑えません」

笑いながら生まれてくる人はいません。私たちは生まれた瞬間を忘れていますが、誕生の過程は相当な苦痛を伴います。母親の子宮から外部の世界に出るまで、赤ちゃんは想像を絶する痛みに耐えなければなりません。それで赤ちゃんは泣きながら生まれてきます。そうして泣きながら産まれ、泣きたいことで溢れている人生を送り、泣きながら死んでいくのが人生なのです。ですから、涙こそ人生のパートナーといえるでしょう。

私たちは生きていて辛いことがあると涙を流します。家族や友達、財産や健康を失った時に初めて涙を流します。

持っている時にはその大切さに気づかず、失ってから大きな苦痛だけがそのからっぽの穴を埋めます。ある人は自殺を考え、ある人は路上生活を選び、またある人は宗教的な逃避を試みます。ある人は心の扉を閉ざしたまま、またある人は座り込んだまま二度と立ち上がることができません。苦痛の様相は異なっても、彼らの心は苦悩と煩悩で占められています。

苦悩と煩悩は、同じような言葉だと思われますが違います。苦悩は人間的な次元の苦痛を広く理解しようとすることで、煩悩は大自然の摂理について苦悩することです。苦悩と煩悩は、言葉そのものが苦しそうですが、しかし苦悩と煩悩が多いほど頑張っている証拠なのではないでしょうか。

永遠に逃れられそうにない苦悩と煩悩ですが、逃れる方法はあります。

一つめは単純に生きることです。何事も深刻に考えず、肯定的に単純に考えることです。

二つめはたくさん笑うことです。

動物は笑うことができません。唯一、人間だけが笑えます。これ以上生きられない、死にたい、どうして自分の人生はこんなことになったのかと苦しく思える時は、そんな自分を見ながら一度笑ってみてください。「これが人生だ！」といいながらです。

笑うことでよいことが生じるのであって、よいことがあるから笑うというのは少ないのです。笑うだけで大きな福を築き上げることができます。笑えば余裕ができ、何より自分の苦痛が人に伝わるのを防いでくれます。情が深くて慈悲深くなるために笑えというのではありません。自分の苦痛を人に見せること自体が大きなカルマ（業《ごう》）を生むことなので、他人に害を与えないためにもたくさん笑うようにしてほしいのです。


友人の中に、その人が来るとみんなの雰囲気が暗くなる、という人がいます。他の人は楽しんでいるのに一人だけ深刻そうな顔をして座っていると、皆が気を遣いその場の雰囲気が変わってしまいます。また、機嫌が悪いからといってそれを顔に出したまま家に帰ると家族は嫌がるでしょう。自分を明るく変えてみてください。そうすると幸せがやってきます。

笑いにもいくつか種類があります。

一つめは他人に対するあざ笑い。
二つめは自嘲の笑い。
三つめは宇宙的な笑い。つまりお釈迦様の笑いです。

この三つめに〝三笑乞《サンソゴル》〟が含まれます。三笑乞とは実像を見て笑い、虚像を見て笑い、実像と虚像を見て笑うことですが、これにもうひとつ加えると、実像と虚像を見て笑っている姿を見て笑う……。世の中にはこんなに笑えることがたくさんあるのです。無理にでも笑うように努めてください。

たくさん笑う人の幸せは最後まで続くものです。大袈裟かもしれませんが、処刑場へと続く道に咲いた一輪の花を見て笑える余裕がある人ならば、きっといい所に行けると思います。

人間は死ぬ瞬間でさえ笑う権利があります。この素晴らしい権利を諦めて生きるのは、もったいないではありませんか。笑いは天からの贈り物です。辛いことがある時ほど、たくさん笑ってください。苦痛に効く薬はすぐ傍にあります。それは笑うことなのです。

経営神話の主人公、ある大企業創業者の成功の秘訣

先日、日本でインタビューを受ける機会がありました。インタビュー時間は5分でしたが、この5分ほど長く感じられる時間はありませんでした。競技中には1秒が長く感じられるように、一人で5分間何かを語ろうとすると、これほど時間が長く感じられることはありません。

放送局からはできるだけ日本と関連した話をしてほしいと頼まれました。じっくり考えていると、ふと一人の人物が思い浮かびました。それは日本の松下電器（現在はパナソニック）の創業者であり、伝説的な経営者である松下幸之助という人物でした。

引退を目前にした七十八歳の彼は、記者からこう質問されました。「あなたは小学校中退という学歴で、どうやって日本を代表する企業を創りあげることができたのですか」すると彼は短くこう答えました。「私は人生を節約しました」記者たちがその意味を尋ねると「それは自分たちで考えてみてください」と彼は説明も加えず、壇上から降りてしまいました。

記者たちは彼がいった〝節約〟を、言葉の意味そのままにとらえました。そして松下幸之助は〈人生を倹約に努めて生きた〉と記事に書きました。節約にはいろいろな意味があります。普通ならお金と時間の倹約に努め質素に生きたという意味ですが、悪くいうと人生をけち臭く生きたという意味になります。マンションの管理費を節約する、生活費を節約するなど、節約はあまり使わないという意味で解釈されますが、実際そのような節約だけでは、倹約家の金持ちにはなれても大企業を成すことはできません。

これまで松下幸之助の節約という言葉は謎のまま残されていました。何か意味があるだろうと考えても理解できず、ただ辞書的な意味の節約だと解釈したのでしょう。

私は日本の放送で、韓国人から見た松下幸之助の節約の意味について5分間話しました。節約の〝節〟は自分を節制するという意味です。お金がある時にはお金を節制でき、権力がある時には権力を節制でき、体が健康な時には体を節制でき、人気がある時には自分自身を節制できる意志の力がまさに〝節〟なのです。

〝約〟は他人との約束を必ず守ること、つまり信頼です。彼は何があっても人との約束は必ず守ることを信念とし、一生守り通した人です。したがって松下幸之助の「私は人生を節約した」の意味は、自分を節制し他人との約束を最後まで守り通した時に初めて大きな力を成すことができると解釈できます。

みなさんはどれくらい人生を節約していますか。自分自身をいかに節制できるか、人との約束をどれだけ守れるかによって自分の人生が変わります。人生が変わるということは、言い換えれば自分の魂が変わるということです。

人生を節約してください。そうすれば人生も魂も変わります。

人生の主人公になれ

〈仏に逢うては仏を殺し、祖に逢うては祖を殺し、羅漢《らかん》に逢うては羅漢を殺し、父母に逢うては父母を殺し、親眷《しんけん》に逢うては親眷を殺して、初めて解脱を得ん〉

これは中国、唐の時代の臨済《りんざい》禅師の有名な殺生法文（『臨済録』）です。これは〈あなた自身が何よりの真実である〉と説くことができます。この方のお教えの中に、長く心に残る言葉があります。

〈随処作主《ずいしょさしゅ》　立処皆眞《りっしょみなしん》〉

〝随処作主〟はどこにいても主になりなさい、〝立処皆眞〟は立っているもので真実でないものはないという意味です。つまり〈随処作主　立処皆眞〉は、いかなる所に置かれても、いちばんの真実である自分自身が人生の主人公にならなくてはならないということを意味します。「あなた自身を主人公にしなさい」とても当たり前なことのようですが、一度は問い直すべきでしょう。私の人生の主人公は私なのか。もしかして他の人になっていないか。

ある心理学者が経験したことです。ある日、工事現場で面白い人夫に出会いました。みんなが輪の二つ付いた荷車の取っ手を持って、向かう方向に押していましたが、一人だけ荷車を引っ張っていました。心理学者は他の人夫と異なる行動をとっている彼は自我が強い人なのではないかと考え、その理由を尋ねました。

「他の人は荷車を押しているのにどうしてあなたは引っ張っているのですか」すると彼はそっけなく答えました。「押してばかりだと見たくもない荷車が見えるからですよ」

予想外の答に心理学者は衝撃を受けました。しかし荷車を引っ張っていく人夫を見ながら悟ったことがありました。荷車を押す人は一生荷車だけを見ることになりますが、彼のように荷車を引っ張る人は、空や大地、世間を見ることができます。人生の主人公が自分自身になるわけです。

人生の荷車はたくさんあります。子供だけを見つめて生きている人やお金だけを見つめて生きている人、一攫千金だけを狙う人や愛だけを求める人などは、一日中荷車だけ見ている人夫と変わりません。私たちは生きているのか、それとも生かされているのかをよく区別しなければなりません。人生の主人公が自分なら〝生きていく〟という言葉が正しいのですが、誰かのために生きているなら、つまりその主人公の座を自分以外のものに奪われているなら、それは〝生かされている〟ということになります。

人生は自分が主人公にならなければなりません。そのために、この言葉を常に心に刻んでおいてください。「今この瞬間が私の人生で最も大切な時間であり、今私といるこの人がいちばん大切な私の仏様である。常に今自分が置かれている場で主人公だという意識をもって生きなさい。するとそこが浄土になる」《臨済録》。もし何かをしているこの瞬間に他に大事な人を想い仕事を想い場所を想うと、その瞬間の人生の主人公は私ではなくなるのです。

いついかなる時も自分が主人公になってください。主人公だけが生かされている人生ではなく、生きていく人生を送ることができるのです。

スランプに陥ったら初心に帰れ

日本のある有名な陶器鑑定家は、所蔵博物館や所蔵者を明かすと絶対に作品を鑑定しませんでした。「誰が所蔵していて、どこに所蔵されている」という言葉に惑わされかねないからです。作品を眺める純粋な目を持ってこそしっかり鑑定できるという信念を持っていたので、彼は日本最高の鑑定家という名声を守り通すことができました。

〝純粋な心〟それが初心です。

生きていく中で、何かうまく行かないことがあったら、最初の気持ちに戻ってください。仏教でも同じです。自分の心に煩悩があると思ったら、子供の心に戻らなければなりません。

仏教には、常に初心を忘れるなという檄文《げきぶん》があります。

〈初発心時便成正覚《しょほっしんじべんじょうしょうがく》　百尺竿頭進一歩《ひゃくせきかんとうしんいっぽ》〉

〝初発心時便成正覚〟とは、最初に発した心がお釈迦様の心であり〝百尺竿頭進一歩〟とは百尺もある絶壁で一歩踏み出す勇気が必要だという意味です。人生の怠惰さを克服するためには、初心の切実な心を失わず、極度の緊張状態を保たなければなりません。

初心を守ることは難しいです。人は忘却の動物なので、時間が経つと自然に初心を忘れてしまいます。しかし初心を貫くと堂々とした人生を送ることができ、さらにはその一瞬一瞬に自分を進化させることができます。

〈晩節を見ると初心が分かる〉という言葉があります。晩節というのは〝晩年の節操〟のことで、これまでよく生きてきた人でも最後の行動を見るまでその人の真の姿は分からないということです。植民地時代に三十六年間独立運動を行った人がいました。しかし、最後の瞬間に親日派に加わったら、親日派というしかありません。一方、人から見て親日的な行動をとっていても最後の瞬間に独立運動を行ったら、その人の初心は独立運動にあったのです。ですから晩年の節操を見れば、その人を知ることができます。

朝鮮末期（一九世紀後半）、金弘集《キム・ホンジプ》内閣は親日行脚によって国民から恨みを買い、明成皇后《ミョンソン》の刺殺事件直後には人民の支持を失ってしまいます。身の危険を感じた高宗《コジョン》と太子《タイシ》がロシア公使館に避難したことで金弘集内閣は崩壊し、親ロシア政権が入ってくると彼の死は避けられないものとなりました。

まさにその時、日本軍は彼に密使を送り、もし日本の陣営に身を寄せれば自分たちが責任を持って金弘集を保護するといいました。しかし金弘集はこれを頑なに拒絶し、こういいました。「私が日本と親しくしたのは祖国の開化のためであって、決して他に理由があったからではない。たとえ殴り殺されたとしても韓国の国民の手によって殺され自分の初心を全うする。それが己に恥じない死だ」一八九六年、金弘集は光化門の前で憤った国民によって殺されてしまいます。彼は死ぬ瞬間まで初心を失わなかったため、売国の汚名をそそぎ、時代に先立った改革家として歴史に名を残すことができました。

私も初めて救命施食《せじき》（病気の人を救うため、食べ物をささげ祈祷する儀式）を行った時の初心を失わないため、常に自分を振り返りながら生きています。

人生のスランプに陥った時には初心に帰ってください。初心からずれてしまったために物事がうまく行かなくなっているのです。最初と最後が異なる人は大勢います。どうか現世では初心を貫かれますよう願っています。

正しい選択が重要

仏教の勉強において、最も重要なことが三つあります。一つめの〝精神修養〟は、自分自身の精神を練磨し優れた人格を形成するように努めることです。二つめの〝事理探求〟は、自分自身がここに至るまでの過程に思いをめぐらすことです。三つめの〝作業取捨〟は、自分自身がこのカルマを引き受けるべきかどうかを取捨選択することです。この中で最も難しいのが作業取捨です。

ここが自分自身の座るべき場所なのか、立つべき場所なのか、または横になるべき場所なのか、その選択がそのまま自分のカルマになります。取るべきものは取って、捨てるべきものは捨てるということは容易ではありません。

ある晴れた日、心優しい雌鳥が庭で餌をつついていて転がっている卵を見つけました。雌鳥は割れないように気を遣いながら大事に卵を温めました。雌鳥は、二十一日もの間毛が抜ける苦痛に堪えながら懸命に卵を温めましたが、なんと卵から孵化したのは雛ではなく蛇でした。蛇は卵から孵えるやいなや雌鳥を食べようとしました。

怒った雌鳥は「お前がかわいそうで二十一日間も温めてやったのに、私を殺そうとするなんて。恩を仇で返すこの恩知らずの蛇め！」と叫び、「神も仏もない」と嘆きました。

この姿を見ていた燕は、あざ笑いながらこういいました。「おろかな雌鳥よ。お前が蛇の卵を温めたから蛇が生まれたのだ。鶏卵から雛が生まれ、蛇の卵から蛇が生まれるのは当然のこと。卵を温めたのはお前なのに、どうして神や仏を怨むのか」

Aさんは、長い間夫のことで悩んでいました。夫は酒と女性問題で家族をなおざりにしていました。そのうえ彼女の息子まで、学生の頃から女性問題で心配をかけ始めました。彼女は夫と息子の女性問題を解決するために救命施食を頼んで来ました。

救命施食には赤ちゃんの霊が現われました。Aさんにそのことを尋ねると、彼女は迷ったあげく話し始めました。「私の三番目の娘です。生まれてすぐに私が殺しました」彼女はすでに娘が二人いたため、三番目もまた娘であると、こっそり赤ちゃんをうつ伏せにしました。その娘が死んだ後、身ごもったのが今の息子でした。驚いたことに、その一人息子は三番目の娘の生まれ変わりだったのです。赤ちゃんの霊は、生まれてすぐ自分を殺した母に復讐するため、息子として生まれたのです。

カルマは必ず返ってきます。今自分がどんなカルマを選択したかによって未来が変わります。作業取捨こそが一生の宿題といえるでしょう。

一日は一生、練習によってよくなる

人生に〝練習〟はありません。そのため、一度間違えると再び立ち上がることがなかなか難しいのです。しかし私たちは日々練習を重ねています。一日の24時間の中に人生が織りこまれているからです。

朝起きることは生まれる練習、通学や出勤のため家族と別れるのは別れの練習、再び家に帰って家族と過ごすのは出会いの練習、寝ることは死ぬ練習です。

今日の一日をよく生きることは、人生をよく生きることになります。これを熟知し練習に励んだ人は、死が訪れても泰然とできますが、自分は当然長生きできると勘違いし練習を怠けた人は、後から後悔することになります。

還暦を迎えたある男性が、八歳の時に亡くなった自分の両親の救命施食を頼みにきました。彼は孤児でしたが、懸命に生きて幸せな家庭を築きました。しかし救命施食に現われた両親は、息子を心配していました。「息子は本当に一生懸命生きてきましたが、じきに私たちの所へ来ることが決まっています」

彼は頑張ることに一生懸命で、ろくに健康診断も受けず深刻な持病があることを知らずにいました。私はこれを彼に知らせるべきなのか悩みながら話し出しました。「今年で還暦ならなかなか長生きされたではありませんか」すると彼は「長生きとはとんでもないですよ。これからですよ。人生は六十歳からというじゃないですか」といいました。彼の話にとても本当のことはいえず、奥さんに「旦那さんに健康診断を受けるように」といって帰らせました。彼は健康診断ののち末期癌という診断を受けて、数ヶ月後にこの世を去りました。

夜に家に帰って靴を脱ぐ時「この靴を明日の朝も履くだろう」と当たり前のように考えますが、何が起こるか分からないのが人生です。一日が一生であり一年が永劫という心構えで、毎日を一生懸命に練習する人だけが、よく生きてよく死ぬことができるのです。

浅漬けよりもキムチのほうが味わい深い

数年前まで嫌いな食べ物に分類されていたキムチが、韓流ブームに乗って全世界の人々に愛されるようになりました。日本や中国ではキムチを作って食べる人が増えているようです。

あるキムチ専門家の話では、キムチは五回死ななければ本物のキムチになれないそうです。まず白菜が土から抜かれる時に死んで、包丁を入れる時に死んで、塩に漬ける時に死んで、味付けをする時に死んで、最後にキムチを漬けたかめを埋める時に死ぬといわれています。このように五回死んでもすぐには食べず、発酵させてから食卓に上がります。浅漬けのように複雑な過程を省略したキムチもあります。味付けと材料は似ていても完全に発酵していない浅漬けは、新鮮ではありますがキムチのような深い味は出ません。

よく人を味にたとえたりしますが、キムチと浅漬けは比較できるよいサンプルになります。失敗が多かった私の人生を振り返ると、五回死ななければいい味を出せないキムチのようだといえます。公務員になろうとしましたが夢を諦めなければならず、人並みに健康に生きたかったのですが肺結核と死闘を繰り広げなければなりませんでした。人生の苦さ、甘さをすべて味わったおかげで、深い味も知ることができたと思います。

人生の深い味を知ると人生がグレードアップします。利己的な生き方から抜け出して、人を思いやることができるようになり、自分の言動に責任を持つようになります。しかしキムチのような深い味がない人生を送った人は、人への配慮に欠き軽はずみな行動に出やすいのです。

数年前のことです。ある女性が訪ねてきて救命施食を参観してもよいかと尋ねました。救命施食は厳粛な儀式なので関係者以外は参観を拒んできました。しかし、どうしてもと頼むので参観を許可しました。しかし、時間になっても女性は来ませんでした。事故にでもあったのかと心配になりましたが、具合が悪くて断念したので次の救命施食には必ず行きたいといいました。しかし、その次も女性は来ませんでした。今度は息子が病気で次は必ず行きますといっていたので、これが最後だという気持ちでもう一度信じてみましたが結局彼女は来ませんでした。浅漬けのような人を深い味を出すキムチだと信じて、最後まで待っていた自分自身を疎ましく思うしかありませんでした。

みなさんの人生は浅漬けでしょうか。それともキムチでしょうか。最近はよく発酵させた熟成キムチが人気です。どうせなら熟成キムチのように充分に発酵させたキムチになってください。

怒る時は雷のように

波と海は違うものです。海は変わりませんが、波は風や海流によって変わります。それにもかかわらず波と海を混同したりします。心と感情も同じです。「心から悲しい」「心から嬉しい」といった言葉をよく使いますが、これは間違いです。感情が悲しみ、感情が嬉しいのであって心は変わりません。心は海に、感情は波にたとえることができます。

人にはみな誰にでも感情があります。そのため、その感情を外に出すことも必要です。宗教では人々に怒らないようにといいますが、これは感情を超越した人にだけ可能なことです。みなさんは感情を超越する方法を学ばないで、感情を上手にコントロールする方法を学んでください。それではどうすれば感情を上手にコントロールできるのでしょうか。

怒らず我慢し、嫌でも笑うことでしょうか。違います。怒るということは真実の表現であり、見せかけの笑いは偽りの表現です。雷が鳴っても空中には跡を残さず、鳥は空を飛んで痕跡を残しません。怒っても雷や鳥のように跡が残らないようにすればいいのです。感情を表に出して人に害を与えなければいいのです。たとえ怒ったとしても、怒ることに執着しなければいいのです。

仕事をする仏様、怒る仏様、愛する仏様になる勉強をすることが、賢者になる近道です。感情を上手にコントロールできることこそが賢者の知恵といえるでしょう。

人生を楽しめ

人生には三つの楽しみがあります。

一つめが、考える楽しみです。考える楽しみがあるからこそ、勘違いもあるわけで、人は三つの勘違いをするといわれています。私は長生きするだろうという勘違い、私が常に正しいという勘違い、私はみんなに常に好かれているという勘違いをします。これらの勘違いのすべてが考える楽しみから来るものです。

昔ある下働きの男がいました。この下働きの男はいくら辛い仕事を任されても、いつも笑顔を絶やさず仕事をしていました。それを見てとても不思議に思った人が聞いてみました。「人に仕えているのに何でいつも楽しそうなのかい」すると下働きの男はいいました。「昼間には私が下働きをしていますが、夜の夢の中では私が王になっています」

そうです。夢もひとつの考えなのです。下働きの男は夜に自分が王になる夢をみる楽しみで本来の身分も忘れて楽しく仕事ができたのです。

中国の有名な夢占い師がいました。ある日、皇帝が彼を呼びました。「私は夢を見たが、龍の頭の形をした瓦が落ちて寵愛していた妃の一人が死んだ。一体どんな夢か」

すると、占い師は「よくない夢です。きっと陛下が寵愛されているお妃様方の中でよくないことが起きるでしょう」といいました。

すると皇帝は「今すぐこいつの首を切れ!」と命じました。「私がでたらめの夢の話をしているのに、何ということをいうのだ!」とその時でした。臣下が慌てて走ってきてこう告げました。「先ほど陛下が寵愛されているお妃様が、遊ばれている最中に頭を怪我され亡くなられました」

顔面蒼白になった皇帝が再び問いました。「どうして私がいったでたらめが正夢になったのか」占い師は頭を下げて答えました。

「陛下。私たちが生きることもまた夢であり、ひとつの考えが起きることもすべて夢なのです」

想いや考える力というのはこれほど恐ろしいものです。考えひとつで世界を変えることもできます。なので、よいことを考える時の楽しみとはどんな楽しみとも比べられないほど大きいものです。

二つめの楽しみは食べる楽しみです。

とある寺の尼僧は大衆に施しをする日を待ちわびていました。その施しの日に来た人々が食べ過ぎてトイレの前に長く列をなすことほど尼僧を喜ばせるものはありませんでした。

最近豊かになるにつれ偏食が多くなりました。特に菜食がいいからと肉を食べない人が多いのですが、だからといって全然肉を食べないで生きることはできません。人は体の中の栄養素が足りなくなると健康のバランスを失い、すぐにいらいらして仕事に集中できなくなります。またダイエットが肥満に効果があるとはいっても食べないダイエットは副作用を伴います。脱毛や貧血、老化、皮膚の乾燥などの後遺症も起きます。適度な量で色々な物を美味しく食べる時に食べる楽しみが生じます。食べるものがなければ、食べる楽しみもなくなります。生きている間、食べたいものを食べて楽しむことは人間だけに与えられた祝福なのです。

三つめの楽しみは自然とともに生きる楽しみです。

登山、ゴルフ、旅行、山寺訪問など、自然を楽しむ方法はたくさんあります。人間は自然とともに生きなければなりません。しかし何もかも人間のためだという目的で自然を破壊すると必ず自然から災害が戻ってきます。人間がひとつの生命であるように、自然もひとつの生命体であることを忘れずに、大切にして愛さなければなりません。人間が自分のために自然を破壊する行為は人の家を奪うことと同じです。

人生とは鳥のようなもので、暗くなったら森にしばらく留まり、朝になって明るくなったらそれぞれ自分の行くべき所へ飛んでいきます。私たちは何のために生きているのでしょうか。この三つの楽しみとともに生きていくなら人生をよりよく生きていくことができます。

時には強い勇気が必要

禁煙しようと思う人が増えています。最近はタバコを一服するのに、人目を気にしなければならなくなりました。吸える所も減り、タバコの値段も上がりました。しかし、体に悪いということをよく知っていてもなかなか止められないのがタバコです。

タバコは、南米インディアンたちが吸っていた乾草をポルトガル人たちがタバコという名前でヨーロッパに広げ、現在全世界の人々の嗜好品になりました。一説によるとタバコは南米のある大酋長の娘の名前だったと伝わっています。すると大酋長の娘であるタバコがどうして今日のタバコ（Tobacco）になったのでしょう。

ある日のことです。大酋長は愛する娘のタバコが伝染病にかかると仕方なく風習に従い、町から遠く離れた穴蔵に捨てるよう命じました。しかし、しばらく経ったある日、死んだはずのタバコがとても健康になって村に帰ってきます。すでにワシなどに遺体すらも食べられたと考えていた大酋長は、感激の涙を流しながらどうやって生き延びたかと聞くと、タバコは不思議な形をした草を父に見せました。

「穴蔵の横にいい香りのする草があって毎日この草をちぎって食べたら病気が治りました」大酋長はその草を娘の名前をとってタバコと称し食用と薬用に使うよう勧めました。その時からタバコは人の命を救う不思議な草として南米インディアンたちに瞬く間に伝播されたのです。

今日のタバコにはタバコの葉以外にも体に有害な想像を絶する化学物質が添加されているため、タバコの味と中毒性が増しています。ですから、タバコは必ず止めなければなりません。健康を害するのはもちろん、タバコを吸う行動はまだ幼児期から抜け出しきれていない証拠だからです。

幼い頃、母親を恋しがっておしゃぶりする癖が成人になってからはタバコへと代わったのです。

そのため母親の愛情が足りなかった人ほどたくさんタバコを吸います。タバコを止めてガムを噛んだり、たくさんしゃべったり、水をたくさん飲むなど新しい習慣を作る人もタバコと決別できません。いつでも再び吸ってしまいそうになる危険要素を持っているからです。タバコとお酒を本当に止めた人は、たまに吸いたい時に一服吸って飲みたい時に一杯飲んで止められる人でしょう。

もしも今辛い状況に置かれているなら、自分が中毒性のように好んでいる何かを捨ててみてください。それを天に捧げてみてください。自分の意志でタバコすら止められない人が、どうして大きなことを成功させることができるでしょうか。

タバコを確実に止めたい方は、この言葉を心に刻んでおいてください。〝斬草除根《ざんそうじょこん》〟草を切る時には根まで消しなさいという言葉で徹底して災いの元を取り除くことでこの先の禍を防ぐという意味です。毎事に斬草除根することは簡単なことではありませんが、斬草除根できる人は大きな運を掴むことができます。問題はタバコではありません。タバコを止めるという硬い約束とひとつのことをやり遂げるという強い思い、それが自己意志です。

自ら何かを決心したら、厳しく斬草除根する人生を送ってこそ目標に到達することができます。

裏門から逃げろ！

生きていくにあたって〝法則〟も重要ですが、それに劣らず重要なのが例外というものです。昔、多くの妾たちが住んでいた町がありました。そこには資産家や権力者の妾たちの家がずらりと並んでいましたが、その家々をよく見ると共通点がありました。すべての家に〝裏門〟があったのです。主人が妾の家に訪ねていく時、逃げなければならない人がいたら秘かに逃げられるように作られたのが、この裏門でした。

韓国人の例外（裏門）の法則は、アメリカでも広く知られています。アメリカの弁護士や検事から必ず聞かれる質問があります。「韓国人のおばさんたちはどうして〝ケ〟（昔から韓国社会に伝わる講の一つで、多数の人が金品を出し合ってそれを運用する相互扶助組織）をするのですか」彼らには絶対理解できないのが、このケの集まりです。

少なくないお金をなんの証書もなく、銀行家でもない一般人にどっさりと預けておいて、後から不埒なケの主人（お金を集める人）が大金を持ち逃げしたと届けるなんて、彼らにはまったく理解できないそうです。ケをするとまとまったお金を手にすることができることもあるのですと説明しても、依然として理解されません。確かに、ケは主人が大金を持ち逃げすることが多いので、破綻するかもしれないという前提で結ばれるものです。破綻することなく、ましてや大金が手に入ったら、それは奇跡でしょう。

妾たちが住んでいる町の裏門のようにケの集まりも、「もしかすると……」という気持ちで入るのです。

最近、生きることが辛いという方が増えています。終わりのない不況の中、景気がよくなる兆しが見えません。しかしこのような試練を経験しないと自分も国も成長しません。人生の苦難が極限に達し、もうこれ以上堪える力がないと考えた時は、裏門を思い浮かべてください。

〈柳暗花明《りゅうあんかめい》　又一村《ゆういっそう》〉

柳が舞い落ち、花が咲くその場所にまた別の町があります。人生の袋小路に突き当たっても、また別の町や別の道があります。行き詰まったら少しだけ心の持ち方を変えてみてください。そうすれば又一村（別の町）へ向かう人生の裏門（別の道）が開きます。

第2章

世の中を知れば よく生きられる

運と福は異なる

人々は金運に恵まれると喜びます。宝くじに当たったら「福にめぐまれた」「運がよかった」といいます。〝福〟と〝運〟は同じ意味として扱われますが、実は全然違う言葉です。福の漢字の意味を見ると〈福、福を下す、助ける、祭祀に使われる肉や食べ物〉という意味で「ご先祖様に真心を込めて食べ物を供えると福を受ける」というふうに解釈できます。つまりご先祖様を大事にすると福を授かるということです。

運は〈回る、回す、回転する〉という意味で、運はもらったら必ず返さなければなりません。運は自分の物ではないからです。たとえると、福は本人が貯蓄した預金通帳であり、運は銀行から一時的に貸し出された貸出金といえます。

福と運の本質をさらに調べると、福は自分が前世に作ったカルマと現世の心構えから始まります。人間は誰でも〝福の通帳〟を手に持って生まれますが、預金額は人によって異なり、ある人はマイナスの通帳を持ち、またある人は一生食べていけるほどの巨額の通帳を持ちます。

しかし預金額が異なるという理由で福が決定されるわけではありません。ある人は一生引き出すだけ引き出した結果、マイナスで生を終え、またある人は前世の福に現世の福までせっせと貯金し、現世だけでなく来世まで豊かにすることもあります。

一方、運は銀行から引き出されたお金です。引出金を返せなかったら財産を差押えられて破産するように、運も所定の日までに返せなかったら身を滅ぼします。ギブアンドテイクがはっきりしているのです。生きていると大運が訪れる時があります。この時に受けた大きな幸運をまるで自分の福のように勘違いして、軽はずみな行動をとったり、傲慢になったりすると運が禍に変わってしまいます。〝自分の運〟というのはありません。運は受けたら受けた期間よく使い、必ずご先祖様や天に返さなければなりません。運と福の違いを知らないと自ら禍を招き、取り返しのつかない状態に陥ってしまいます。

宝くじに当たることは福ではなく運をもらうことです。名前は福引きですが、厳密には運引きです。したがって大運を受け入れるだけの福がなければ、宝くじの当せんは滅ぶ近道になってしまいます。実際に巨額の宝くじを当てた後、人生の落伍者になった人たちが大勢います。大金を手に入れたにもかかわらず彼らがどん底まで落ちる理由は、大運を支えてくれるような自分で築いた福がなかったからです。

二年前、ある飲食店の主人が、救命施食をして運をもらって帰りました。彼は一ヶ月の間、法堂《はっとう》（僧侶が講義する建物）を訪ねるなど誠意を尽くしました。以後、店を拡張して不動産を買い取り、建物を建てるなどして金持ちになりました。しかし二年後に法堂を訪ねてきた彼は、成功した金持ちの姿ではありませんでした。事情を聞くと、無理なローンで事業に失敗したそうです。

救命施食は銀行から運をはやく貸し出しできるように助ける儀式であり、元々ない福を作ることはできません。借りた運で金持ちになったら、当然ご先祖様や天にその運を返さなければなりません。その運を自分の福だと勘違いして傲慢になった結果、借りた運は冷ややかに回収されたのです。

預金額が少ない、またはマイナスの通帳を持って生まれた方に借りた運を自分の福へと変える方法をお教えしましょう。方法は簡単です。自分に大きな運が訪れても絶対に傲慢にならず、必ずご先祖様や周りの人々に感謝の気持ちを表すことです。いかなる運でも、銀行からしばらく貸し出された運であるという事実さえ忘れなければいいのです。これを知らずに、訪れた運をまるで自分の福のように勘違いし傲慢になったら、大運は一瞬にして取り返しのつかない禍に変わってしまうことを忘れないでください。

運がいいのがいいか、福が多いのがいいかと聞かれると本当に困ってしまいます。しかし、これだけははっきりしています。いくら大運に恵まれても福の通帳がなければその運は滅ぶ近道になってしまいます。つまり、運を支えてくれるような福がなければその運も効力を発揮できません。

誰もが福をたくさん持って生まれるわけではありません。ある人はマイナス通帳を持って生まれたりもします。それでは福がない人はこれから先もずっと苦労ばかりして生きていかなければならないのでしょうか。もちろんそうではありません。生きながら福を築いていけばいいのです。福をたくさん築くほど現世はもちろん、来世までもよく生きることができます。

それでは、現世で福を築く簡単な方法を三つお教えします。

一つめは、よく食べることです。

食べる時には常に感謝しながら食べなければなりません。ある知人は店に行くたびに食べ物に文句をつけます。調味料が効きすぎている、出来合いのおかずだ、誰かの食べ残しなのかもしれない、といちいち文句をつけます。これは福を減らす行動です。あまり美味しくないものでもお世辞でもいいので、「ありがとうございます」「ごちそうさまでした」「本当に美味しかったです」といってこそ食福が積もるものです。

二つめは、言葉に気をつけることです。

カルマの中でいちばん重いカルマが口業《くごう》（口の作業、すなわち言語）です。千手経《せんじゅきょう》には三つのカルマがありますが、それは身で三つのカルマ（身《しん》三業）を作り、心で三つのカルマ（意《い》三業）を作り、そして口で四つのカルマ（口四業）を作り、これらを足して、十のカルマ（十業）といいます。この中で口が作るカルマがいちばん多いとされてきました。楽しい雰囲気を冷たい一言で壊す人や、人の悪口ばかりいいながら生きる人は絶対によく生きることができません。

三つめは、苦痛も福だと考えそのまま受け入れることです。

人々は人生の試練を好みません。しかし、試練があるからこそ幸せも感じられるものです。試練も福だと考え、上手に克服すると大きな賞を受けます。ビギナーズラックという言葉があります。ギャンブルや競馬などで、まったくの初心者が大もうけする時ビギナーズラックといいます。しかしビギナーズラックを経験した人に限って落ちぶれない人はいません。何でも簡単に手に入れてしまうと、簡単に失ってしまうものですが、苦痛を通じて得る知恵だけは絶対に失われません。この知恵こそがどんな福とも替えられないものです。よく食べて、言葉に気をつけ、苦痛を上手に受け入れられるなら今日から福の通帳に福が積もるはずです。

みなさんも今日から福の通帳に福を預金してみてはいかがですか。また返済日をしっかり覚えたうえで〝大運〟を貸し出しするのも忘れないでください。

縁は必須項目

仏教は縁の宗教です。縁の神秘は舎利弗《しゃりほつ》とお釈迦様との初めての出会いでも分かります。元々、舎利弗はマガダ王国の王舎城《おうしゃじょう》の人で、友人の目連《もくれん》尊者とともに、お釈迦様と同じ時代を生きた有名な懐疑論者である散若夷《さんじゃや》の門下生でした。

散若夷の教えをすべて受けましたが何か物足りなさを感じた舎利弗は、ある日王舎城街で偶然にお釈迦様の最初の弟子である阿設示《あじゃせ》に出会いました。舎利弗は同じ修行者として阿設示の容貌に深い感銘を受け、師匠は誰で何を教えているのかと問いました。

すると、阿設示はこういいます。「すべての法は縁から生じるとお釈迦様はおっしゃいました。またすべての存在が、原因を断ち切って自由を得る方法を話されました」その後すぐに舎利弗と友人の目連尊者は、ともに旗下の二百五十人余りの弟子を率いお釈迦様に帰依し〝知恵第一〟の弟子になります。

因縁法を重要視されたお釈迦様にもできないことが三つありました。一つめはすべての衆生《しゅじょう》を救済できず、二つめは自分が作った定業《じょうごう》は免れられず、三つめは縁のない衆生を救済できない。このように縁というのは本当に大事なものです。

人生で最も大きな楽しみは、前にも述べたように食べる楽しみ、考える楽しみ、自然を友とする楽しみです。これにひとつ加えるとしたら、それはよい縁に会った時の楽しみでしょう。私は数多くの福の中で縁の福がいちばん重要だと思っています。

縁による福は前世に作った福でもありますが、今出会った縁をいかに大事にするか、またいい人にたくさん出会うかによって異なります。よく生きる人は小さい縁も大事に考えて大きな縁に変えていきますが、そうでない人はどんなに大きな縁が傍にあってもその大切さに気づきません。

いい縁に恵まれたい人は「よく施しなさい。何もないところにあげなさい。あげたら忘れなさい」この三つを忘れないでください。縁を作るために誰かに何かをあげてその見返りを期待する人は、縁を逃す最も早い方法を行っているのです。また人に会った時にはよく判断し観察してください。そうしないと悪縁をいい縁であると思い込み、傍においてしまうという失敗を犯してしまいます。

縁はコインの両面のようなもので、いつその縁が悪い縁に変わってしまうか分かりません。人が出会いと別れにとらわれずいい縁を築いていくためには「因縁によって万物が生じる」という縁起法の教え通り、世の中の因縁法によく従わなければなりません。

最近は縁に先行するものがあります。それは電気通信によって結ばれる〝電縁《でんえん》〟です。インターネット、携帯、モバイルサービスなどで出会った電縁が、実生活で出会う縁の数を超える傾向があります。ホームページなどで人脈を広げ、チャットから愛が始まり、メッセンジャーを通して会話するこの時代、パソコンや携帯で縁を結び維持するようになりました。

しかし、電縁には落とし穴があります。雷の〝電〟因縁の〝縁〟で結ぶ縁は、雷のように瞬時に縁が結ばれますが別れるのも一瞬です。インターネットショッピングもそうです。欲しいと思ったらいてもたってもいられず、支払いを済ませてから後悔することも多いのです。インターネット利用者の書き込みで自殺した人もいれば、プライベートな写真を掲示板に載せ名誉を傷つけたり、人の人生を台無しにすることも頻繁にあります。

忘れてはならないことは、電縁も明らかな縁であることです。身分が公開されていないからといって、人を傷つける言葉をむやみに発したり、不法行為や非倫理的な行為を分別もなく行ったりすると、法的処罰は避けられるかもしれませんが霊界の厳重な処罰を受けます。

電縁に過剰に偏るのも問題があります。人と人で徐々に縁を積み上げることをせずに、すべての人間関係を電縁によって築こうとすると、最後にはひとりぼっちになり寂しい思いをします。サーバー上では人気があっても、いざ現実では寂しい人が大勢います。その傾向が強いほど彼らは現実の孤独を忘れるために電縁に頼り、ついにはインターネット中毒症状が見られるようになります。はっきりいいますが、現実を排除した電縁には限界があります。

物質が栄えるほど精神は疲弊していきます。インターネットは本当に便利です。しかし縁は便利とはいえません。縁は焚き火のように時間と誠意を要します。電縁のようにパソコンをつけると誰とでも簡単に会えて、消すと永遠に会わなくてもいいというわけにはいきません。

小さい電縁も大事にし、マナーのあるインターネット利用者になるなら、電縁もいい縁へと発展させることができます。

とにかく別れ方が重要

人の運には天運、地運、人運の三つがあるといいます。天運は天が定めてくれた運で、私の両親が誰だとか私の性別が男または女だということなど、変えることのできない運のことをいいます。地運は生まれ持った才能です。絵や演技、歌など生まれ持った才能は、地運によって決まります。

しかし、いくら天運と地運に恵まれたとしても、最後の人運を失うと人生が大変厳しいものになります。人運は人の福、つまり大変な時に助けてくれる人がどれだけいるかをいいます。人生でどんな人に出会い、その人が自分の人生にどんな影響を及ぼしたかは人運によって決まります。

いい縁に出会うと一夜にして金持ちにもなれますが、悪い縁に出会うと数秒のうちに人生の奈落に落ちることもあります。定められた運命のように見えますが、幸いにも人運は人の力で変えることができます。人運を豊かにするためには、まず天運と地運のせいにしたり恨んだりしてはいけません。

両親のせいにしたり、時代のせいにしたり、職場のせいにしたところで何の解決にもなりません。親や時代のせいにすることは、自分の根源を否定することになるのです。たとえ、時代や両親に致命的な問題があったとしても、それを怨むよりいい方向へ昇華させていく術を身につけましょう。また、自分が身を寄せている職場に文句をいっては毎日が辛いでしょう。実際そのような立場に置かれている人は毎日が辛いでしょうが、何かのせいにして顔が不平不満で満ちている人は、運に逃げられるだけです。

人運は最後の瞬間に分かります。人の出会いには始まりと終わりがあります。別れの時にも初めて出会った時の気持ちを忘れないなら、その人はその先もさらにいい人運に恵まれるでしょう。

映画『皇太子の初恋』（日本公開は一九五五年　米国作品）の名場面は、何といっても皇太子とキャシーの別れの場面です。キャシーは皇太子を送りながら何事もなかったように「さようなら」といいます。ドアが閉まるまで微笑みを浮かべていたキャシーは、ドアが閉まると同時に涙を流します。初めて会った時のように明るく美しい姿のまま永遠に記憶されることを望んだキャシーの愛に、観客たちは大きな感動を受けました。

彼らの別れのように、人と別れる時に怨みや憎しみのない、初めて会った瞬間のように清らかで純粋な心で別れられるなら、その後。よりよい人運が訪れます。縁は結ぶ時も大事ですが、断ち切る時も大切です。上司や職場の同僚、友人、恋人とよくない関係で終わる人は、これから先の人運も目に見えるものです。

人運で人生を変えたい人は、どんなに大変でも最後だけはよい終わり方をしてください。自ら築いた功徳や修行をうまく巡らせることができる人は、大きな運を掴むことができます。

知恵が世の中を変える

『タルムード』（ユダヤ教の聖典）にある話です。三人の息子の父であるアラブの商人がいました。彼には17頭のラクダがいましたが、死ぬ間際に三人の息子に「長男には、全体の半分を、次男には、1/3をそして三男には1/9をあげよう」という遺言を残しました。

三人の息子は悩んだあげくラビ（ユダヤ教会の主管者）を訪ねました。ラビは自分の檻からラクダ1頭を連れてきて渡しながら「これで分けてみなさい」といいました。ラクダが18頭になると三人の息子は簡単にラクダを分けることができました。

長男は18頭の半分の9頭、次男は18頭の1/3の6頭、三男は18頭の1/9の2頭をそれぞれ分け合いました。すると不思議なことに9頭と、6頭、2頭を全部合わせると17頭になったのです。これで彼らは父の遺言通りにラクダを分け合うことができ、ラビから借りた1頭も無事に返すことができました。父が息子たちに伝えたかったのはラクダではなく

〝知恵〟だったのです。知識は世の中をあるがままの姿で見せますが、知恵は世の中の見えないところまでも見えるようにしてくれる大事な財産なのです。

ある高名な僧侶は、毎日同じ法文を繰り返しました。「あの虚空を見なさい。虚空に滅があり、生があるか」仏者たちが法文を請うと、待っていたかのようにその言葉を繰り返されました。ある日弟子たちが冗談まじりに「どうせ毎日同じ法文をなされるなら、それだけ紙にお書きになって人にお見せになればいいのではありませんか」と尋ねると、とても残念そうな顔で「そんなことをいうものではない！　私の言葉を聞くたび、あの人たちにどれだけたくさんの福が積もるか、お前に分かるか！」と叱りました。

その僧侶は独特な趣味を持っていました。布施されたお金が少しでも貯まると、農夫たちさえ見向きもしない天水田《てんすいでん》を買い取りました。天水田は他の水田と違って設備が整っていない田で、それは雨だけを頼りに農作をしなくてはならないため、ほとんど捨てられたようなものでした。肥えた土地があったにもかかわらず、僧侶は天水田だけにこだわり、秋になって天水田から収穫した米を見ては子供のように喜ばれました。

弟子たちも僧侶が天水田を買われるのはきっと何か訳があるだろうと考え、その理由を尋ねませんでした。もしその中に賢い弟子がいたらこう問い詰めたでしょう。「いい水田も多いのにどうしてみんなが捨てる天水田をお買いになるのですか」

しかし、ここには僧侶の深い意図がありました。使い物にならない天水田すら売るしかない農夫なら、家計もきっと非常に苦しいはずです。誰も天水田など買いやしないでしょう。僧侶は農夫たちの家計を助けたいという思いから天水田を買われたのです。また不毛の極みであるやせた天水田から収穫された米を見て、自然の神秘たる理を通じて学べる悟りがあったと子供のように喜ばれました。なので、僧侶が買われる時にはよしあしをいう必要はありません。

知識のある人なら天水田に目もくれないでしょう。もしかすると内心では「あの僧は本当に愚かだ」と思ったかもしれません。

悟りを開いた人々の行動は、時には子供のようにめくらめっぽうで心配になる時がありますます。ですが彼らの行動がいくら気に入らなくても悟りを開いた人が何かをする時には必ず理由があるのです。

心に届く知恵を大切に

『タルムード』に、人間が最も貧しい時とは空腹ではなく知識がない時だとあります。ユダヤ人たちは富、名誉、権力はいくら築きあげても奪われてしまえば瞬時になくなるが、知識だけは奪われることはないと硬く信じ、そのように二世たちを教育した結果、世界の権力と富を手に入れることができました。

しかし、知識だけで人間は幸せになれるでしょうか。ここ最近、多くの勉強をしてきた知識層の人々の自殺が相次いでいます。博識な人々がどうして極端な選択にせまられたのでしょうか。死を頭だけで考え、心で感じることができなかったのではないでしょうか。

幸せに生きていくためには、知識を飛び越えて心にまで届く〝知恵〟が求められるでしょう。知識は頭で判断し頭で考えますが、知恵は心で判断し心で考えます。愛、友情、孝行、慈愛などは知識の産物ではなく、知恵の産物なのです。頭ではなく心で感じてこそ、その意味を知ることができます。昔からいわれているように、知識に欲が現れると知恵がおろそかになり、知識が多いと知恵をさえぎるものなのです。

生きていれば罪を犯すのが当たり前なのです。昔の話ですが、とある寺の僧侶が「私は十年間祈祷してきましたが罪人です」といいました。詳しく聞いてみると「私も韓国の国民なのに、十年間山にこもって祈祷ばかりしていたので、民防衛（民間で行う非軍事的防衛）法に違反しているし、寺の生活のためとはいえ木を無断で切ったので山林法に違反している。また、信者たちが供えた食べ物を食べて生きてきたから金品横領罪だ。私のような重罪人が他にいるでしょうか」

このように修行している僧侶ですら三つの法に引っかかるなら、私たちはどれだけ多くの罪を犯しているでしょうか。木の根に脚を引っ掛けて転んだからといって木の根のせいにしてはいけないように、苦境に陥っても他の人を恨まず、自分の不注意だったと、前世の報いだと受け入れなくてはなりません。

この世がすべて吹き飛ばされそうな台風が来ても少しだけ待てばまた明るい空が現れるように、人生の奈落に落ちたからとすぐに死を考えないで賢く苦境から抜け出せるようになりましょう。

現在を忠実に生きる

三十年前のことです。地方のとある寺に、高名な僧侶がおられました。高名な僧侶がいる寺はどこも同じですが、全国津々浦々からこの僧侶に会いたいと願う人たちが長い列を成していました。ふだんから僧侶を尊敬していた釜山《プサン》のある綿工場の社長が、僧侶に会って長い間心の中に留めておいたことを尋ねました。

すると僧侶は「前三三《ぜんさんさん》、後三三《ごさんさん》だ」と答えられた後、ふらっといなくなられました。社長は何かが胸に詰まったようなもどかしい気分になりました。一体〝前三三、後三三〟とはどんな意味なのか。その日以来社長は悩みに悩んだ末、憔悴した顔で私を訪ねました。

「前三三、後三三と僧侶はおっしゃいましたが、いくら考えても私がこれから三年しか生きられないという話に間違いないように思うのですが」その言葉を聞いて私は笑ってしまいました。どうして前三三、後三三をこれから三年しか生きられないという意味だと解されたのでしょうか。私は笑いながら彼にいいました。

「何をそんなに難しく考えておられるのですか。前三三、後三三とは、要するに前に三歩、後に三歩進むと結局もとの場所に戻るではありませんか。つまり今あなたが立っているその場で大志を成すべきで、この場がいかに大事であるかを悟りなさいという意味です。無理をしてもたかが知れているということです」

社長はその言葉を聞いて非常に喜び、その足で僧侶に会いに行って、私がいった通りに前三三、後三三の意味を伝えました。すると僧侶は急に怒り出し「あなたが自分で悟ったわけではないので、その意味を教えた者をここへ連れてきなさい」とおっしゃいました。

社長の誘いで僧侶の所にいくと、僧侶は拂子《ほっす》（獣の毛や麻などをまとめて棒の先端につけて作った法具）を上に持ち上げては一回、二回、三回ぐるぐると回した後「ドン」と下に下ろすと同時にお聞きになりました。「この真理を理解できたのか」私はすぐに答えました。「お坊様、そうなさると腕が疲れませんか」この言葉に僧侶は驚いて、目を大きく見開かれました。

「たくさん歩けば当然足が疲れ、口数が多くなれば失敗も多くなるものです。ですからお坊様も腕を高く上げて拂子を三回もお回しになったので腕が疲れるはずです。おそらく〝三宝《さんぼう》〟（仏の教えである法と、その教えを奉じる僧の三つの宝）の真理を教えて下さろうとして拂子をお回しになられたと思いますが、そのような知識より重要なものがあります。すべての物事を単純に楽に考えることです。それが真理なのではないでしょうか」

その瞬間、僧侶は顔色を変えておっしゃいました。「そうか。分かった。お前の真理に従って生きればいいだろう！」という僧侶のお言葉に対して私は「今は僧侶のほうが年上ですが、前世には私が僧侶より年上だったことをご存じだと思います。なので、そのようないい方はよくないと思います」と堂々といいました。すると僧侶は顔を赤らめて「これからよく生きてください」とおっしゃった後、急いでどこかへ歩いていかれました。

今でも、現在を大切にせず、過去や未来に住む人たちに会うと前三三、後三三の知恵を強調なさった僧侶を思い出します。

節制は福を呼ぶ習慣となる

生きていて〝節制〟することはとても難しいことです。しかし節制をしないと必ず問題が生じます。お金を節制し時間を節制し、愛を節制し権力を節制し、本当に節制すべきものは多いですが、必ず節制しなければならないことが四つあります。

一つめは、食べ物を節制してください。

もちろんよく食べることは食福を呼びますが、だからといって食べすぎるのもよくありません。

二つめは、寝ることを節制してください。

病気で必ず寝なければならない人を除いては寝ることを節制してください。睡眠はエネルギーを充電させるためのものなので一定の時間熟睡すれば充分です。寝られるだけ寝ていては物事を成し遂げることができません。また寝不足だからと他人にあたっても福が減ります。

三つめは、言葉を節制してください。

言葉にはいっていいことといってはいけないことがあります。またどんなにいい言葉でも喋りすぎると失敗することがあります。次の三つの場合、人はたくさん喋ります。一つめは知識がない時、二つめは情緒が不安定な時、三つめは本当に好きな友人に出会った時です。好きな友人に出会うと自然に口数が多くなります。

最もいい言語は沈黙です。何もいわなくても胸にいちばん強いエネルギーが届くからです。口の中に入るものはすべてきれいでも口から出るものの中にきれいなものはひとつもないといわれています。お釈迦様は「私は四十九年間求道の道を行ったが、成したものがない」と語られました。口の外に出たものはすでに道《どう》（人として守るべき条理。宇宙の原理。宗旨。特に仏の教え）ではないからです。

この三つは節制の基本です。これに加えて節制しなければならないことがあります。それは名誉です。日本の名古屋に行くと豊臣秀吉の神社がありますが、彼は戦国の武将で韓国にも縁の深い人物です。彼は平民の息子で当時卑しい身分で生まれましたが、君主織田信長の信頼を得て出世します。日本を統一するだけでは物足りなく感じた彼は、朝鮮を渡って中国の明までも侵攻しようと壬辰倭乱《じんしんわらん》（文禄の役　一五九二年）を引き起こしますが、結局敗戦の中、息を引き取ります。

道を悟った僧侶でさえ亡くなられる瞬間に弟子たちが「すべての人々が僧侶を尊敬し慕っております。僧侶こそ生仏《いきぼとけ》でございます」というと微笑んでしまうほど名誉の節制は難しいのです。しかし名誉を節制できれば、奈落に落ちることもないはずです。

節制こそ福を呼ぶと同時に人生のバランスを保ついい習慣なのです。

ピークの時こそ気をつけろ

夏のある日、公園を散歩していた時に、ひときわ目立つセミの鳴き声が哀しく思えました。ひと夏鳴くために、セミは土の中や木の根元で、短くても七年、長い時には二十年待ちます。セミの鳴き声は誕生の喜びであると同時に命を行き急ぐ声でもあります。

一方の夏の虫である蛍は声を出しません。蛍の寿命は二週間ほどで、主に露を食べて生き、卵を産んで十一〜十三日後に死にます。セミも蛍も夏の一時のため、長い間さなぎとして生きます。辛い脱皮の過程を経て、それぞれ鳴き声と光で自分の存在を知らせた後、十日間あまりの短い生命が尽きて死に至ります。

人の人生も同じです。人は成功するために努力しますが、最高の地位は甘く短いのです。極上を味わうと自滅します。頂点に上がるともう降りることしか残っていないのです。国家権力も例外ではありません。

自由党時代（李承晩《イ・スンマン》前大統領時代）の警察権力は向かうところ敵なしでしたが、実勢だった前内務部長官の崔仁圭《チェ・インギュ》らを最後に警察権力の全盛期は幕を閉じました。共和党時代（朴正熙《パク・ジョンヒ》前大統領時代）には情報部が突出した権力機関でしたが、中央情報部長の金載圭《キム・ジェギュ》と秘書室長金桂元《キム・ゲウォン》が10.26事件（一九七九年十月二十六日に中央情報部の部長、金載圭が朴正熙大統領を殺害した事件）で没落し、その前中央情報部長は謎の死を遂げて歴史の闇へと消えてしまいます。五共政権（全斗煥《チョン・ドゥファン》・盧泰愚《ノ・テウ》前大統領時代）が終わると、権力の核だった寶安寺《ボアンサ》出身の二人の司令官が刑務所に行き、金大中《キム・デジュン》大統領時代には検察の最高権力者が刑務所に収監されました。

セミも蛍も十日余りを生きて死にますが、天をゆるがすようなセミの騒がしい鳴き声より美しい沈黙の光を発する蛍のほうがより心に残るのはなぜでしょう。誰でも大成功を夢見ながら生きていますが、燦爛《さんらん》と輝く太陽より月光の余韻のほうが長く続くものです。セミと蛍、太陽と月、みなさんはどんな人生をお望みでしょうか。

美しい振る舞い、味のある振る舞い

人生とは一体何でしょうか。人という字と生という字が合わさって成り立った〝人生〟という漢字をよく見ると、まず人という字は、左の長い画に右の短い画が寄りかかる形をしています。ここで長い画は真理または魂の世界を意味し、短い画は物質または肉体を意味します。つまり、人間は物質と魂、肉体と魂で成り立っているといえます。生という漢字は牛が一本橋を渡っていくのを表しています。大きな牛が一本橋を渡る姿は本当に危ういものです。人生という漢字は本当に人生のすべてを見せているといえるでしょう。

人生をよく生きるために重要なことが三つあります。

それは〝趣《おもむき》〟〝味〟〝振る舞い〟です。これらは朝鮮時代の風流歌人たちによって綿々と受け継がれてきたものです。

ここでいう一つめの趣は気品や性分からにじみ出る人格の寛大さです。風流を嗜《たしな》むにあたって当然備えるべきものでしょう。

二つめは味です。

この味は食べ物の味ではなく芸術を創出する際の天賦の才能と素質をいいます。天才の素晴らしい才能こそ生まれ持ったもので風流の味を左右します。

三つめは振る舞いです。

この振る舞いは三つの中で最も重要です。振る舞いの美しさ、振る舞いの余裕こそが風流の最後の仕上げといえるでしょう。

人がいくら趣をよくして味を出しても振る舞いがよくないと、真の風流を楽しめず、人に迷惑をかけ、さらには風流社会に二度と足を踏み入れることができなくなります。

趣と味は生まれ持つものです。しかし、振る舞いは違います。絶えず美しくよい行動をするために、心と体で努力しなければなりません。あなたの趣と味、振る舞いはいかがですか。

法に従うことが最善ではない

〝法〟という漢字をじっくり観察してみてください。さんずいに去るという字を組み合わせています。水が流れるままに任せるのが法です。本来はすべての事を細かく指摘することではなく、水が流れるように生きなさいという意味の字なのです。

しかし法には他の意味もあります。辞書的な意味で、去の字には〈去る、無くす、失う、裏切る〉の意味も含まれており、撤去、去勢など強制的な執り行いの意味としても使われます。よって人間関係を法に従って裁こうということは、血も涙もないことなのです。

実際にアメリカで起きたことです。実の兄弟のように仲のよい二人がいました。その一人が店を売ることになり、どうせなら弟のように可愛がっている友人に店を譲りたいと、善意で契約をしました。弁護士は売買時に形式的に作った契約書にサインするよう取り計らいました。その内容は「一つ、十ヶ月内に同じ業種の店を開かないこと。二つ、十ブロック内に店を開かないこと。三つ、他の人と提携しないこと」ということでした。しかし友人が店を引き取ると店は前より繁盛し、隣の店を買い取り拡張までしました。ちょうど隣の店が移転した時に他に引き取る人が現われなかったので、店の拡張を決定したのです。

すると、前のオーナーは契約違反だと告訴しました。被告人もおとなしくしてはいませんでした。前のオーナーも契約を違反し十ブロック内に新しい店を開いたからです。周りの人々は、弁護士を雇う必要もなかったし、友人だった前のオーナーが「お互い頑張ろう」とだけいっていたらこんなことにはならなかったともどかしく思いました。

二人の哀れな事情を聞いたある人が、救命施食をすると状況がよくなるのではないかと法師を訪ねましたが「私は水がよく流れるように手助けするだけです。方向を少し変えてあげることはできても水を逆流させることはできません」と断りました。

法に従う前に、必ず法とはどういう意味なのかを知るべきです。法は静かに流れる水のようなものですが、時には強制性を持つため、人間関係において法は最後の解決手段でなければなりません。

一度決めたら最後までやり通せ

〈一不走一不休〉

つまり「走ってはならないのに走ってしまったら止まってはならない」という意味で、

唐の没落の導火線となった安禄山《あんろくざん》の乱（別名、安史の乱）の時に出た言葉です。

当時、唐は皇帝玄宗《げんそう》と楊貴妃《ようきひ》の恋愛で大いに乱れていました。楊貴妃は玄宗の息子の太子妃に任命された女性でした。玄宗の十四番目の息子の妃であった楊貴妃は、二十一歳の時に五十四歳の玄宗に寵愛されます。玄宗は息子から嫁を奪い取ったのです。

重要な職務はすべて楊貴妃の一族が占めました。楊貴妃と姉妹たちが居を構えた所には、金銀などの宝石があふれました。しかし楊貴妃の親戚である楊国忠《ようこくちゅう》は、玄宗の養子である安禄山との衝突が多く「いつか安禄山が乱を起こすだろう」と常にいっていました。結局七五六年に安禄山は乱を起こしました。

安禄山の乱が盛んな頃、ある兵使（兵馬節度使）が何十回もの葛藤の末、安禄山を支持することに決めましたが、勢力が不利になると玄宗に密使を送りました。玄宗が「過去を許す」と答えると彼は玄宗の側に寝返ります。

しかし、玄宗は約束を守りませんでした。乱が治まった後、彼は玄宗の命令によって斬首刑に処せられました。処刑場へ引きずられていく兵使はこういいました。「一不走一不休、乱に飛び込まなければよかったものの、飛び込んで安禄山側に立ったなら最後まで堪えるべきだったのに……」一瞬の誤った選択で彼は自らを死に至らせたのです。

一方、楊貴妃を連れて逃げていた玄宗は、怒った軍使たちが楊国忠を殺害し楊貴妃までも殺そうとすると、これを防ぐことができず愛する楊貴妃の首を絹の紐で絞め殺すように命じます。

誰でも一度は間違った選択によって物事を失敗に終わらせた経験を持っています。しかし一度やると決めたらたとえ障害があったとしても止めてはいけません。その瞬間の切実な選択がいちばん正しいのかもしれませんし、その選択によって自分の生死が決定されかねないからです。

第3章

金持ちを知れば
よく生きられる

金持ちになる三つの方法

日本の銀座は高級ブランドショップがずらりと並ぶ街として有名です。昼の銀座はショッピングの街として人気がありますが、夜の銀座は日本最高の金持ちたちが集う歓楽街として有名です。

ある知人が、ここ銀座で有名なママに、成功した人の五つの共通点について聞いたことを話してくれました。

1　子供のような目をしている。
2　けちる時は可愛くけちる。
3　家庭に忠実である。
4　子供のように天真爛漫で、あの人がどうやってお金を稼いだか知りたくなる。

5　浮気性である。

このような特徴を持つ人はすでに金持ちであるか、金持ちになる可能性が高い人です。誰もが金持ちになりたがります。しかし誰もが金持ちになれるわけではありません。金持ちとして生きられる方法は三つあります。一つ、ご先祖様の恩徳があり、二つ、愚鈍なほど単純であって、三つ、小さな縁も大きな縁に変えられる人です。

もう少し詳しく解説します。

一つめ、金持ちになるためにはご先祖様の恩徳（先祖が残した恵沢）がなければなりません。自力で成功した人は自分の力で金持ちになったという事実から傲慢になり、なかなか他の人に感謝しません。こうなるといくら大きな富を築いたとしても長続きしません。彼が富を成し遂げたのはご先祖様の恩徳のおかげで、これを否定し傲慢になると必ず失敗してしまいます。

昔、韓国の井邑《チョンウプ》と扶安《プアン》という所の真中あたりに五百石の金持ちが住んでいました。全羅道《チョルラド》（李氏朝鮮時代の行政区分朝鮮八道の一つ）の金持ちにしてはそれほど大きな金持ちではありませんでしたが、よく人に施しを行い、その村には飢えている人が一人もいませんでした。その金持ちは、一生をかけて村の人が亡くなったら必ず棺一つと喪服一着を香典として贈ることを自らの約束にしていました。近隣住民が貧しすぎて、葬礼もろくにあげられなかったことに対する決断でした。しかし次第にその範囲が広がり、出産の時にも祝いを贈るようになり、この噂が広がるとあちらこちらから出産と喪の知らせが山のように届くようになりました。

結局、小さな善意から始めたことが雪だるまのようにふくらみ、五百石の財産は底を尽き、破産してしまいました。しかし、その金持ちは亡くなる瞬間まで余裕を失わず、子孫たちにこういいました。「お前たちのために見えない所にたくさん貯金をしておいたから、きっとお前たちは私よりも金持ちになるだろう」その後、彼の子孫は朝鮮戦争の時に釜山で食品事業を起こして食品業界の大物に成長し、父親よりも大金持ちになれたのはもちろん、会社を国内トップレベルの財閥に育て上げました。

二つめ、金持ちは単純でなければなりません。朝鮮時代に、人をうまく働かせる田舎の金持ちがいました。その金持ちの人材管理には原則がありました。

まず、ひたすら仕事だけをする人は雇いませんでした。しょいこで二回に分けて担がなくてはならない木を一回で担ごうとしたり、休んでいいといっても「大丈夫です」と休むことなく働く人は、三年も経たないうちに病気になり仕事ができなくなります。仕事を頑張ったので、追い出すわけにもいかず困ってしまいます。

親切すぎたり、愛想がよすぎたりする人も警戒しました。その人が頼んでもない仕事をあれこれたくさんやる時には必ず理由があります。月給を上げてほしかったり、数日休みがほしかったり、数ヶ月分のお金を前払いしてほしいといった目的があるので、よく判断しなければなりません。またその人が口を頑なに閉じてよく笑わなくなった場合は、もう他に行く所が決まっているからです。

彼はこのような単純な人脈管理で、大金持ちにはなれなくても村いちばんの金持ちになりました。金持ちになるためには、子供のように純粋で単純でなければなりません。単純な人が成功します。

三つめ、金持ちは小さな縁も大きな縁に変える人でなければなりません。二〇〇四年ニューヨーク9.11テロの犠牲者のための救命施食の時に、私は在米韓国人実業家のＢ会長にいろいろお世話になりました。彼は、不動産開発だけでも数千億ウォンの収益をあげている世界的な経営者です。彼の事業哲学は〝縁〟〝配慮〟〝忍耐〟でした。縁を大事にしていた彼は、靴下もつくろって履くほどの倹約家でしたが、自社の職員のために病院費用を全額、こっそり払ってあげたという美談の持ち主でもあります。大物財界人だけでなく部下や職員との縁も大切にしていたので、彼は大財閥になれたのです。

縁を大事に思っているのは何も韓国の経営者だけではありません。アメリカのある不動産王が脱税の疑いで刑務所に収監された時のことです。彼は辛い収監生活の間、自分に親切にしてくれた看守と友達になりました。刑が終わり刑務所を出ることになった彼は看守に「後で必ず私を訪ねてほしい」と念を押したのですが、看守は「あなたのような人と友達として過ごせたことだけでも幸運です」といい、一度も訪ねることはありませんでした。

ある日、仕事から家に帰った看守は、中から聞こえる賑やかな声を不思議に思いながら、自宅の門を開けました。するとそこではあの不動産王が看守のためにパーティを開いていました。「誕生日おめでとう！　私があなたのために特別なプレゼントを用意したんだよ！」その時でした。看守が最も好きな黒人歌手が颯爽《さっそう》と現われ、バースデーソングを歌い始めました。一生忘れることのない誕生パーティに看守は大いに感動しました。違反行為で刑務所には入ったものの、刑務所で結んだ縁をも大事にする彼を見て人々は「さすが世界的な金持ちは違う」と感心しました。

ご先祖様の恩徳、単純さ、縁。この三つの秘訣を覚えて実践すれば、みなさんも金持ちになれるはずです。

三百年間栄え続けた慶州の大金持ち崔家の家訓

韓国の代表的なNoblesse Oblige（身分の高い者はそれに応じて果たさねばならぬ社会的責任と義務があるという、欧米社会における基本的な道徳観）である慶州の崔《チェ》長者は、実際に国民に尊敬されてきた家柄です。〝富不三世《プブルサンセ》〟といって、どんな大金持ちでも三代続かないという意味の言葉がありますが、慶州の崔長者はその富をなんと三百年、十四代まで受け継いでいます。

それはひとえに万人が感心するこの家の家訓のおかげです。

その家訓とは、一つめ、科挙《かきょ》（役人の採用試験、すでに廃止されている）は受けても進士《しんじ》（科挙の六科の一つ）以上にはならないこと、二つめ、財産は一万石以上持たないこと、三つめ、行きずりの旅人は充分にもてなすこと、四つめ、凶作の時は土地を買わないこと、五つめ、嫁いできた嫁に三年間は木綿の衣服を着せること。しかしこの後に続く最後の家訓は、途中で絶えてしまいました。

数年前、この家の天才といわれていた息子さんが十年間も司法試験に惜しくも落ち続けたことから、彼の母親の頼みで救命施食を行うことになりました。救命施食には曽祖父の霊が現われ、絶対に進士以上になるなといったはずだと家訓を破ったことに対して怒り出しました。私は国の官職ではなく弁護士になるという条件で霊を説得し、その翌年に息子さんは司法試験に合格できました。

しかしその母親が再び救命施食をお願いしてきました。弁護士になるために初年は判事を務めなくてはならず、それ以後に高位官職には就きませんので今回だけは許してくださいと霊に許しを求めました。すると曽祖父の霊は、判事をする代わりに財産の1/10をもらっていくとおっしゃいました。富と権力を同時に得ると傲慢になり、家門に禍を及ぼすことを心配なさったようでした。

この時、曽祖父の霊は大切なことを語りました。今まで伝えられていなかった最後の家訓、つまり「十里内（一里は約四キロ）に飢えている人がいてはならない」という大事な教えを授け、また代々受け継がれてきた秘伝の法酒（韓国慶州地方特産の純穀の清酒）の作り方だけは必ず守っていきなさいと念をおされました。

「一滴の雨水を疎かに考えてはいけません。それが長江を成し、大海を成します。一握りの土を拒まないからこそ泰山を成せるのです」もし金持ちになろうと思う人がいたら、小さい物ひとつにも注意しながら、常に謙虚さを保つべきです。財産とは天からの預かり物であって、決して自分の物ではないからです。慶州の崔長者は天の心をよく知っていたため、尊敬されるお金持ちになることができたのです。

先祖に真心を尽くさず、両親に孝行せず、他人に施さない傲慢な者は、いくら金持ちの家に生まれ名門のＭＢＡを卒業しても、その富を守りきることができないことを肝に銘じるべきです。

泥棒と詐欺師も信頼で動く

誰かを信じる力は本当に偉大です。信頼は人に勇気を与えますが、いちばん得をし、恵まれるのはまさに自分自身です。一度、単純に人を信じてしまえば心に煩悩は生じません。日曜日、夫に仕事があって会社に行かなければならない時、ドラマに出てくるような不倫などを疑うと自分の心に煩悩だけが残ります。

信頼されていない旦那さんも問題でしょうが、信頼できない奥さんにも問題がありま す。信頼されなかった人も信頼できなかった人も、結果的に人の心を痛めカルマを作ることになります。

信頼の力は自分自身を変え周辺を変え、さらには世の中と歴史を変えます。この力がどれだけ大きいものかは宗教の歴史を見ると分かります。

達磨《だるま》大禅師が九年間の面壁《めんぺき》修行（壁に面して座禅する修行）を行われた時のことです。修行中に神光《じんこう》（慧可《えか》）が教えを求めて訪ねてきましたが、達磨大禅師は振り返りもしませんでした。しかし神光が一晩中雪の中で待ち修道屈から離れないと「どうして私を訪ねてきたのか」と問いかけました。

神光が「法の教えを授かりたいのです」と答えると、「それなら、お前の信じる心を捧げなさい」といいました。神光は迷いなく自分の左腕を刀で切り落として決意を示すと、ようやく達磨大禅師は神光を自分の弟子とし禅法を教えました。彼こそ禅宗の第二祖であり、この話がかの有名な雪中断臂《ゆきちゅうだんぴ》古史です。

求道のため自分の命も惜しまなかった慧可の信心がなかったら、仏教の禅脈が受け継がれたでしょうか。信じる心、それこそが宗教なのです。何の条件もなしに誰かを強く信じた時、初めて大きな力を発揮することができます。

願いも信じる心があって初めて叶えられるのです。願いは前世に築いた美しい心によって叶いますが、しかし何よりも重要なことは信じる心です。昔、息子が戦場に出ると母親たちは醤油かめにロウソクをつけて祈りました。また昔の女性たちは福を祈るため井華水《ジョンファス》

（明け方に初めて汲んできた井戸の水）を供えて月に祈りました。あえて経を唱えなくても、みんな願いを叶えました。信じる時には、一所懸命、強く、疑わず、無条件純粋に信じてください。

この世で最も信じられないのが泥棒と詐欺師です。しかし、この泥棒と詐欺師たちも自分たちなりに信じているものがあります。泥棒の信頼というのはともに盗みを行った同僚との〝信義〟を命がけで守ることで、詐欺師の〝信頼〟とは、自分自身を強く信じる力で自分はもちろん他人も騙します。

泥棒でも西洋の泥棒と東洋の泥棒は少し異なります。まず西洋の泥棒は以下の通りです。

1　夜遅くまで働きます。
2　一晩に仕事を終わらせられなかったら、次の日再び挑戦します。
3　同僚のすべての行動を自分自身のことように感じます。
4　少ない所得でも命をかけます。
5　豪華な物に執着しません。

6　試練と危機を耐えぬきます。
7　自分が何をしているかをよく知っています。

一方、東洋の泥棒は簡単です。

1　垣根の向うに何があるかをよく調べます。
2　垣根を越える勇気が必要です。
3　きちんと分配する信頼が必要です。

泥棒の信条を述べたのは、泥棒を見習ってほしいからではありません。泥棒にも信条があるように、私たちの人生にも信頼で守られているものがあるかどうか考えるべきではないでしょうか。

詐欺師は絶対に自分が詐欺師であるといいません。捕まって警察署で取り調べを受けても、詐欺師は必ずこういいます。「今ここから出たらすぐ、その金を全部返せますよ」「もう少し待ってくれたら大儲けできたはずなのに……」「私に欲はありません。他人の役に立てるならそれで幸せです」

カルト宗教の教主もそうです。彼らは完全に自分自身を信じます。「私は神の一人息子であり、私だけが宇宙を動かせる」彼らがこういえるのは、自らを過度に信じた結果、完全に自己催眠状態に陥ったためです。

洗脳されるほど過度に自分を信じてもいけませんが、ただ、泥棒や詐欺師、カルト宗教の教主ですら信じる心や信義を持っているのに、私たちも彼らに劣らない信じる心や信義は持つべきではないでしょうか。

自分を堅く信じて他人との信義を守るために努力するならば、必ず今とは違った人生を送れます。

自分を売り込め

私がいちばん怖いのは、セールスマンの友達です。今日はまたどんな商品を持ってきて買わせるつもりか、と心配になります。人の話はまったく聞かず、自分のいいたいことだけ数10分間も並べ立て、もし、買わないとでもいおうものならとてもがっかりした顔をするので、友情？　を守るためには安い品ぐらいは買ってあげなくてはなりません。

最初は友達を助けようという気持ちから何品か買いました。今回買ったから次からは無理に勧めないだろう、と思ったら大間違いです。過去は過去として、次々と新商品が出されるたび、必ず電話をしてきます。

ビジネスマンは少々異なります。彼らはまずお客が何を望んでいるのかを先に把握します。相手の人脈や能力、経済的効果などを綿密に調査した後、取引が成立しそうな相手であれば相手との距離を近づけようと努力し、数回食事の場をともにしながら適切なタイミングで本格的に話を切り出します。ふつうは「私はこのようなビジネスを望んでいる。あなたが望んでいることは何か」という質問です。

実業家はまた異なります。実業家としていちばん重要なことは、自己哲学を持つことでしょう。自己哲学をしっかりと持っていれば、仮に損害が生じても笑顔で乗り越えられます。実業家の目標は利益を出すことにありますが、決してその利益だけに命をかけることはありません。自分に富をもたらしてくれた国と国民のためなら、ある程度の損害は喜んで受け入れます。

セールスマンから実業家へと変身するためには必ず知っておかなければならないことがあります。それは、品物ばかりを売ろうとせず、自分を売ることです。事業というのは人と人との信頼が大切で、品物よりその人を見て取引を決めるからです。いくらいい品物でも自分をセールスすることに失敗してしまうと成功は難しいでしょう。

セールスマンの友達が品物ではなく自分を上手に売り込めていたなら、友達である私に品物を買うようにと無理やり頼んだりすることはなかったのかもしれません。セールスマンに限らず、この世を経営するという夢を持っているなら、品物よりも、自分を売り込んでください。

腹心は薬にもなり毒にもなり得る

人生を成功に導くためには必ず必要な人がいます。まず師が必要で、次に策士が必要で、さらに腹心が必要です。師は心の指標をくれる人、策士は仕事をうまくやりくりしてくれる人、腹心は自由自在に使うことのできる人です。たったの三人ですが、この三人を得ることは夜空の星をとることと同じく大変難しいことです。

特に腹心を得ることがいちばん難しいのです。昨日の腹心が今日も腹心でいるとは限りません。腹心は歳月によって変わります。腹心によって栄えることもあれば腹心によって滅びることもあるのが人生です。船を浮かせるのも水であり、船をひっくり返すのも水です。腹心をよく選ぶことが用人術（人を使う術）の始まりであることを知っておくべきです。

第4章

愛を知れば
よく生きられる

愛は前世の跡

愛は朝の露の中で咲き燦爛と輝く朝の光を受け、満開になる人生の花です。愛は真の優雅さをくれる真理です。恋に落ちることは悪いことではありませんが、繰り返されてはいけません。愛のように自らをコントロールし難い感情もありません。誰かを愛しているということは、錯覚なのです。

誰かを愛する感情はどこから来るのでしょうか。人はどうして恋に落ちるのでしょうか。ある人は、ホルモンの反応、化学物質の分泌といいますが、恋に落ちる理由はひとつです。恋は前世の跡。前世の強い念が現世にもつながり人は恋に落ちるのです。

ごくごく普通の主婦と思われる女性が法堂を訪ねてきました。「数ヶ月前に夫が肝臓癌で世を去りました」十年間夫婦として暮らしながらも仲がよく、みんなに羨まれるカップルでした。しかし救命施食中、女性が申し出た願いは思いもよらないものでした。

「来世では夫と結婚したくないのです」という彼女に私は驚いてしまいました。招魂された夫の霊もやはり哀しい気持ちを隠せませんでした。しかしそこには深い理由がありました。実は彼女は深く愛した夫が亡くなった後の悲しくて苦しい時間に耐えられなかったのです。

私は微笑みながら「あなたたちはすでに来世に再び出会うことが決まっていますよ」と告げました。念写を通じてこの夫婦の前世を見ると、彼らの縁は本当に特別なものでした。現世では十年を夫婦として生きた夫が、前世には肺結核で四年、またその前世では新婚旅行から帰ってたった三日で急死していたのです。

来世にも夫とまた結婚するという言葉に、女性はもうため息をついていましたが、夫の霊は内心嬉しそうな様子でした。私は、女性に、現世では十年間一緒に生きたので来世には二十年は生きられると懸命に説得しましたが女性の表情はすぐには明るくならず冷や汗をかいた覚えがあります。

愛は前世の跡ですが、前世を繰り返してはいけません。もし続けて間違った愛、苦しい愛なら愛する方法を次のように変えなくてはいけません。

一つめ、愛しているという理由で同情をしてはいけません。犠牲になる愛は恨みを生みやすく、同情する愛は愛ではありません。なぜなら愛の中には同情があっても、同情の中には愛がないからです。行き過ぎた犠牲と同情で一貫した愛はカルマを生むだけです。正しい恋をするためには意識が必要でしょう。生きているクリアな意識を持ち、覚醒した状態で恋し、愛のために人生の目的を求めてはなりません。

二つめ、愛するよりは愛される人になってください。愛すると問題が生じます。ということは「私があんなにあなたを愛したのに！」という恨みを生むからです。この言葉より怖いものはありません。愛すると補償心理が生まれ、それと同時に裏切られたという気持ちも生じます。なので、愛されてください。愛されるためにはたくさん笑って自らを知る知恵を身につけてください。そのような人はどこに行っても愛されるに違いありません。

三つめ、愛の温度は常に体温と同じ三十六度五分を保つのが大事です。あまり熱くてもあまり寒くてもいけません。無心でありながら有心で、有心でありながら無心の愛。体温のように、流れる水のように分け合う愛こそが本当に難しい愛なのですが、そのような暖かい愛は長く続きます。

本当の愛は宇宙の大自然の光のようなものであり、時には招かれざる客のようなものです。日光や土のように自然から得る愛が最も大きな愛であり、そのような大きな愛は望まなくても私たちに愛をくれます。愛は心から感じるもので、計算された愛は愛ではありません。

ある宗教家がいいました。

「宇宙には大自然の法則がある。しかしその法則よりも優先されるものが男女間の愛である」愛があるから魂が存在します。愛があるから今ここにいるのです。みなさん、たくさん愛して愛されてください。

元金は忘れろ

中国の清の時代のことです。紅梅《こうばい》という誰もが知る最高の芸者がいました。優れた美貌に歌舞の実力まで備えた絶世の美女だったので、男性なら誰でも、彼女との一夜を夢見ました。

人気が高くなるほど花代が高くなるは当然のこと。天井知らずに上がる花代のため、相当の財産家や権力者でなければ、紅梅の家の中に足を踏み入れることすらできませんでした。いわば紅梅は普通の男性にとって〝高嶺の花〟でした。

長い間、彼女に片思いをしている油商人がいました。彼は紅梅の家に油を配達しては、遠くから紅梅を見つめるだけで幸せでした。そんなある日のこと、どうせ恋煩いで死ぬなら、一言でも声をかけてみようと思い、彼は勇気を出して紅梅の散歩道に立ちはだかりました。

「ずっと前からあなたを愛していました」すると紅梅は油商人の身なりを上から下まで眺めて、冷たい一言を投げました。「あなたが十年間働いてお金を貯めても、私と一夜を過ごすには足りないわよ」

紅梅は扇子で顔を隠した後、すげなく背を向けました。

その言葉に油商人はもう一度勇気を出してこういいました。「それなら、もし私がそのお金を持ってきたら、私と一夜を過ごしてくれますか」

それはとても無理なことでした。しかし紅梅は夢でも見させてあげようという気持ちでそっと扇子を畳み、肯定の微笑みを浮かべた後、早足で散歩を続けました。

その日以来、油商人はひたすら紅梅との一夜のため馬車馬のように働きました。身なりはこじき同然で、食事まで抜きながらお金を貯めました。そうして十年が経ち、ついに紅梅との一夜の花代を用意した油商人は、紅梅の家に走っていきました。歳月が流れても紅梅の美貌と名声は過去と比べて衰えていませんでした。

「ここに、あなたがいっていたお金があります」

紅梅は驚きました。

まさか彼がそのお金を用意できるとは思ってもみなかったからです。

「約束は約束だから守ってください。何日何時に私の部屋まできてください」

しかしよりによってその日の夜。紅梅は嘔吐と下痢で体を支えることすらできません。十年間ひたすらこの日だけを待ち続けていたのに、きれいに装った彼女はどこにも見当たらず、下痢を繰り返す辛そうな女性が腹痛を訴えるばかりでした。

油商人は一晩中紅梅の嘔吐や下痢の世話をするのに汗を流し、夜明けになってようやく体調を取り戻した紅梅を寝かせた後、出かける仕度をしました。それを見て紅梅は申し訳なさそうに「十年間この日だけを待ち続けたはずなのに、私は何もできなかったので、他の日を定めてくれればその時は元が惜しくないようにしてあげます」といいました。

するると油商人は「いいですよ。事情はどうであれ私はあなたと一夜を過ごしたのでそれで充分です」ととても幸せそうな顔で部屋を出ていきました。

一人残された紅梅は物寂しい思いで呆然と座っていましたが、いきなり起き上がると裸足で油商人の後を追いました。

それから紅梅は豪奢な生活に終止符をうち、平凡な油商人の妻になって残りの人生を幸せに暮らしました。もしもあの時油商人が花代の元をとろうと考えていたら、果たして紅梅を得ることができたのでしょうか。別の日に一夜の恋を得ることはできたのかもしれませんが、一生紅梅と同じ布団の中で寝ることはなかったでしょう。純朴な油商人の真心と本心が芸者である紅梅の心を動かしたのです。

子育て、まず魂のへその緒から切れ

最近韓国でも、パラサイトシングルが増えています。成人になっても両親に経済的に依存している若者たちをパラサイトシングルといいます。このような若者たちが増えていることも問題ですが、自分の子供が苦労するのが嫌で支援している親も問題です。

胎児は母親のお腹の中で十ヶ月間へその緒から栄養を供給されます。しかしいくら命綱といっても、母親のお腹の中から出た時にはへその緒を切らなくてはなりません。また子供が成長し二十歳になると、別のへその緒を切らなくてはなりません。つまり魂のへその緒を切らなければ、子供は成人になっても自立することができないのです。

蚕室《チャムシル》法堂には、腰が九〇度近く曲がった南島《ナンド》に住むお婆さんが、相談受付の日になると必ず訪ねてきます。お婆さんは数年前、息子が司法試験の一次に受かったがその後落ちてしまい、今度はぜひ合格できますようにと高速バスで6時間もかけて蚕室に来ました。

今では結婚できますようにとお願いに来ます。

私は「毎度おこしにならなくても結構ですよ。私が全部知っていますから。お子さんたちのことよりお婆さんの健康を先に考えてください」といいます。しかしそうお伝えしても、次に相談受付の日になるとお婆さんはまた高速バスに乗って蚕室に来ます。そのお婆さんを見ていると、前世に子供たちにどれだけの借りがあって、あんな遠い道を一人で来られるのかと考えさせられます。

現世では親と子の縁で出会いましたが、実は子供ほど重い負債はないのです。子供を産んで育てながら親としての責任を果たすということは、前世の借りを最も早く確実に返せる方法ではありますが、子供を本当に愛するなら、成人になったら魂のへその緒を大胆に切らなくてはなりません。

育てている子供がダメになるのは、すべて親自身に問題があるからです。子供の姿はまさに自分の姿であり自分の影なのです。本当に子供を愛するならば、生命のへその緒を切ったように、成人になった子の魂のへその緒を切ってください。

子供の望み通りにすべてをやってあげることが愛ではありません。ただ高い習い事をさせ、いい大学に入れ、結婚だけさせればいいと思っていますが、こうやって育った子供が大人になって何になるでしょうか。苦労を知らずに育った子供ほど親の心を知ることは難しく、歳をとって親不孝者になるケースが多いのです。

ではどうすれば真の意味での親の愛情を教えることができるのでしょうか。社員教育を重要視しているとある企業の会長に教育界の人が尋ねました。「会長は社員教育に多くの投資をなさいましたが、教育を通じて社員たちがどの程度よくなると思われますか」彼はその質問にじっくり考えた末「五パーセントはよくなるでしょう」と答えました。その言葉は、いくら教育を行っても人間の本質は生まれ持ったものだということです。

教育界の人が再び尋ねました。「教育で人を純化できないのなら、公金横領についてどう考えておられますか」「それは教育の話ではないね。数多くの教育を通じて公金を横領する機会を与えていないだけです」つまり会長は教育で公金を横領するなと教えるのではなく、教育を通じて公金横領など企業倫理に反する行動をする機会を減らしてきたのです。

こうなると、真の教育について再び考えさせられます。教育の〝教〟という字は、孝行の孝に父という形をしています。つまり、父が孝行を教えることが真の教えであるという意味です。これは過去の孝行のように、親のお墓の隣に穴蔵を建てて三年間暮らせと教えているのではありません。自分の親を思い、自分の先祖を思い、自分がこの場に至るまでの根源に思いをはせるような心を持てるよう教えることです。

鶏龍山《ケリョンサン》が韓国の名山である理由は、鶏龍山のすべての峰が最高峰に向かってひれ伏しているような形をしていながらも、まるで我が道を行くように山脈が走っているためです。山とはいえ自分の母山に向かって頭を下げているような形をしているので、鶏龍山は名山なのです。

教育とは他でもなく孝行を教えることです。人に与えられたカルマは、一日で消えることもなければ変わることもありません。いくら人格教育を行っても二〜三パーセントしかグレードアップされませんが、その二〜三パーセントが一生を変える力になります。ここに孝行の力が加わると、その人は現世だけでなく来世までも変えることができます。

子供に知識を教えるより、まず孝行を教えてください。自分のための孝行ではなく、子供のための孝行を教えてください。それが真の教育です。

人を助けることは結局は自分のためになる

ニューヨークのある寺ではお釈迦様の誕生記念日ごとにハドソン川にスッポンを放生《ほうじょう》（功徳をつむために捕らえた生き物を放してやる仏教の行事）します。その年にもハドソン川では仏教式の放生儀式が行われていました。しかし儀式の途中、あるアメリカの少年が急に川に飛び込んでスッポンを一匹拾い上げて逃げました。寺側は近くにいた警察を呼びました。警察が少年を捕まえて、どうしてスッポンを奪って逃げたのかと聞くと、少年は、「スッポンは海に放すと死んでしまいますよ。あの先は海なんです。僕は一匹でも多く生かそうと思ったので奪って逃げました」その瞬間、放生儀式のために集まっていた人々は顔を赤めました。放生は善縁の種を結ぶという意味として用いられますが、放生という名の下でどれだけ多くの殺生《せっしょう》（生きものを殺すこと）を行っているのかあらためて考えるべきです。

ある動物学者の話です。彼は亀が海に行くまでの過程を研究していました。亀は一度に七十～百二十個の卵を産みますが、孵化した子亀が海に行くまでカモメの餌になる場面を目撃しました。海に到達する亀は数百対一の確率でした。

動物学者はもどかしく思いカモメの攻撃を妨げました。その結果、幸いにも多くの子亀たちが生きて海に行けました。しかし安堵の息をつく間もなく、数千匹の亀が生きて海へ行くと、カモメも群がり集まってきて子亀を攻撃し始めました。瞬時にして浜辺は子亀の屠殺所になってしまい、カモメたちは思う存分に亀狩りを終わらせ帰りました。浜辺は捨てられた子亀の死体で悲惨な光景でした。動物学者は「私が子亀を助けなかったらこんなに多くの子亀が死ぬことはなかったのに……」と嘆きました。

誰かのためを思う時……、為の字ににんべんがつくと偽になります。つまり人間が誰かのために何かをするということはすべて偽りだということになります。誰かのために生きたといいますが、結局それは、そうせずにはいられない自分のための犠牲なのです。子亀を助け放生で善縁を結ぼうとしたといいますが、それは結局そうせずにはいられない自分のためにしたことなのです。

人を助けるということは一歩間違えると偽善になりかねません。人を助ける時にはむしろ心の中で彼らを助けずにはいられない自分のためにやっていると考えてください。そうしないと誤ったカルマが積もってしまいます。

別れは出会いの約束

〈魚は水の外に出て初めて水のありがたみを知り、人は暴君に会って初めて聖君を懐かしむ〉という言葉があります。人は持っている時にはそのありがたみを忘れ、幸せな時には幸せだと思わずに過ごすことが多いのです。親や親戚たちのことも傍にいる時にはそのありがたみを知らず、亡くなった後に哀しく思います。その方たちが永遠にいると思っていたら大間違いです。

〝生者必滅《しょうじゃひつめつ》〟であり〝会者定離《えしゃじょうり》〟です。生まれたら滅し出会ったら別れるものです。しかし去るといっても永遠に去ってしまうわけではなく、別れは新たな出会いの約束なのです。

第5章

見えない世界を知れば よく生きられる

天と取引しろ

人はよく「私は人福もなく財福もありません」と嘆きます。しかしこのように自らを不幸せであると思い込んでしまうと福が逃げていくばかりです。また天が自分には能力をくれないと嘆く人もいます。これもまたもどかしいことです。天は人間が生まれる瞬間にそれぞれに〝能力〟を授けます。とっくの昔に能力を授けたのに、いまさらまた能力をくれるようわがままをいうなんてとんでもありません。

ある尼僧が春先に修行に出ました。一日中歩いているとすっかり日が暮れ、この家、あの家と一晩泊めてもらえるよう頼みましたが、全部断られました。尼僧は悲しみがこみ上げてきて泣きました。女一人で修行に出たのに、一晩泊めてくれるところもない……。

薄情な村の人心を嘆きながら、人の家の木の下で夜露を避けて野宿をすることになりました。寝ていた尼僧が寒気を感じて起きたその時でした。桜の花が朝の日差しを受けながら咲きはじめていたのです。

すでに咲いている花は見ましたが、桜がちょうど咲きはじめる姿を見たことのない彼女は言葉を失いました。もし野宿をしなかったらこの美しい光景を見ることはできなかったでしょう。尼僧は泊めてくれなかった村の人々に心から感謝しました。すべての恨みや嘆きが消えた瞬間でした。「ああ、失ったと思った瞬間、反対に得られるものがある」と。

有名な先師《せんし》様がおっしゃいました。「道は取引だ。ただし正直な商売であるだけだ」天地一切のすべてが商売です。

水蒸気が天に上がって雨になり、水と太陽の光があって実を結ぶことができます。世の中のすべてはエネルギーとエネルギーとの取引です。

人間と天も同じです。私が天に心を開かなければ天も私に心を開きません。宇宙はこのように徹底的な取引の法則に従っているのです。なので「天が私を捨てた」と考える人は天と取引ができません。

お釈迦様は夜明けに昇る明星を見て悟りを得ました。しかし明星を見た人がお釈迦様一人だけだったのでしょうか。お釈迦様は道を求める心を持っておられたから悟りを得られたのです。同じ明星を見ても、どんな心で見るかによって道が決定されます。それが天道です。

肯定的で正しい心をもって天と取引してください。必ず儲かる商売ができます。

植民地時代の民族代表はなぜ〝三十三〟人だったのか

数字は人間が知らない真理を悟らせてくれることは多々あります。〝三十三〟という数字がそうです。まず三十三は背骨の数です。三十三個の背骨が私たちの体の中心を成した後、その中を五臓六腑が埋め、人間の体が完成されました。

仏教でも三十三の意味は特別です。仏教は天上に全部で三十三個の天があると信じています。三十三天の等級の天が存在し、また三十三は天上界を完成させる完成数としても特別な意味を持ちます。その他に三十三はどこに登場するのでしょうか。韓国では毎年十二月三十一日から一月一日へ移る瞬間、鐘楼《しょうろう》で鳴り響く除夜の鐘もまた三十三回打ちます。

それでは三十三という数字がなぜ大事なのかお教えしましょう。昔から私たちは。〝四《し》面八方《めんはっぽう》〟（四方八方）という言葉を使ってきました。四面八方とは私たちの視野の境界で〈世の中すべて、全国土〉という意味を持ちます。ここで四面の数字の四と八方の数字の八をかけてみます。するとその値は三十二になります。この三十二は地の完成数です。

しかし、地の数字だけでは意味がありません。ここで天を象徴する一を足して世の数字を完成させると、三十三になります。こうして世の完成数の三十三が作られたのです。

独立宣言書に民族代表の三十三人が署名したのも、この延長線上として解釈できます。つまり、四面八方の国土すべての韓国人に代わり、民族代表の三十三人が独立宣言書に署名をし、これを四面八方にいる全国民に告げるという意味です。

韓国で除夜の鐘の回数が三十三回であることも同じ意味です。四面八方にこの鐘の音が鳴り響いていけるように念願を乗せてその数だけ鳴らしたのです。天と地の理を充分理解していた賢いご先祖たちの数字遊びには感心せざるを得ません。

私の敵は私の師でもある

生きていて「どうして私がこんな目に合うんだろう」と思う時があります。人生で試練に遭遇すると一体自分に何の罪があってこんな罰を受けるのかと人生を振り返ります。このような場合、仏教では世の中のすべての出来事に偶然はなく、すべてが必然といっています。つまり因果の法則に従って罰を受けているのです。

因果には無意識的因果、意識的因果、必然的因果があります。無意識的因果は次のようなことをいいます。カラスが飛んでいました。しかしカラスが飛んだせいで梨が落ちて、その梨が蛇の頭を直撃し蛇が死にました。死んだ蛇は今度はイノシシとして生まれ、カラスのいる方向に岩を転がしてカラスを殺し、カラスは猟師として生まれ変わってイノシシを殺し、死んだイノシシは体に障害を持った猟師の息子として生まれ猟師の心を痛めつけました。これは無意識的因果です。この因果は私たちが何も意図しなくても知らず知らずのうちに起きた事件ですが、その後に罪は問われ、自分の行いと同じように罰を受けるのです。

次に意識的因果とは、自分が仕出かした報いによる因果がすでに決められた場合です。お嫁にいくたび追い払われる女性がいました。ある日、お釈迦様を訪ねその理由を尋ねると、「宿命通《しゅくみょうつう》（過去世の存在のあり方を知る超能力）を身につけなさい」といわれました。彼女はその足で勇猛精進《ゆうみょうしょうじん》して宿命通で前世を見られるようになりました。前世の自分は男で、女性に宝石をあげて関係を結ぶ、というような生活をし、多くの女性の心を傷つけた人でした。前世にこのようなカルマがあって、彼女は現世で罰を受けているのでした。

最後に必然的因果ということがあります。お釈迦様をつけまわしながら修行を妨げていたデバニッタという人がいました。彼はお釈迦様の体を傷つけたという罪で大地獄に落ちました。ある日お釈迦様が文殊菩薩《もんじゅぼさつ》に「地獄にいるデバニッタがどう過ごしているのか、いつ頃そこから出られるのか聞いてきなさい」とおっしゃいました。文殊菩薩がデバニッタを訪ねて行くと、「地獄はまあまあ耐えられる。それよりお釈迦様はいつここに来られますか」と尋ねました。その理由を聞くと、「お釈迦様がこちらに来る時が私がここを出られる日だからです」と答えました。

私を悩ませる人こそが私の師なのです。〈井の中の蛙〉でも考え方を変えることによって大海を見ることができます。デバニッタを私たちの観点から察すると悪い人ですが、その考え方をひとつ変えてみると、デバニッタこそが偉大な師であるという事実を知ることができます。なぜならデバニッタはお釈迦様に大きな苦行を与え、その結果お釈迦様が成仏できるように助けたからです。したがってお釈迦様が成仏するためには必ず必要な存在だったわけです。これが必然的因果です。

現在みなさんが抱えている苦難はこの三つの因果の結果です。原因があるから結果があるのではないでしょうか。万事を自分の業であると考えてみてください。そう考えながら苦行する心で乗り越えていく人は因果の法則から自由になれます。

人は平等に生まれていない

人間と魂の異なる点はたったひとつ、人間は肉体を持ちますが、魂にはそれがないということです。それ以外は魂と人間は同じものです。それにもかかわらず、魂をまるで怨恨に満ちた存在だと誤った見解を持つ傾向があります。怨恨は人間も魂も共通に持つ感情です。まず恨みから考えて見ましょう。〝恨み〟は韓国を代表する情緒で、恨みを外国語で完璧に表現できる言葉がないといわれます。これは韓国人だけが持っている独特な情緒で、恨みの感情は心と心を通じて言葉なしに伝わってきた微かな懐かしさや物惜しさを含んだ感情です。一方、怨みは恨みとは異なり、他人に対する憎悪と憎しみに満ちた感情です。

例をあげると、もし春香《チャンニャン》（朝鮮時代の妓生の娘で愛する人のために節義を守り抜いた人物）が産んだ息子が出世できないとすれば、これは恨みになります。朝鮮時代の制度自体が妓生《キーセン》（芸者のこと）の娘が産んだ子供は出世できないようになっていたため、仕方のないことだからです。一方、春香は彼女に思いを寄せる、村の悪い役人卞主将《ピョンサト》との一夜を拒み鞭で打たれました。ここで生まれるのが怨みの感情です。個人対個人の問題で憎悪が生まれるからです。

怨みと恨みはまったく違うものですが、感情の深さや幅がとても複雑なのでこれらふたつの感情を正しく区別できずに恨みが怨みに変質し、結局カルマを作ることが多いのです。結果的にカルマというのは怨みと恨みの混同によって発生し、この混同の違いに対する不可解から始まるといえます。人は平等ではありません。美にも黄金率という基準があり、倫理にも善悪を区別する物差しがあるように、万物にはそれなりの判断基準があり、その違いもまた千差万別です。それではどうして万物に違いが存在するのでしょうか。人は初めから、体力、知的能力、学力、美しさ、財産などの違いを持って生まれます。このような違いは自分自身が作ったカルマから来るものです。

この違いによって辛くて苦しい思いをしますが、少し考え方を変えるとこのような違いがあるから無限の向上と進化があり、人生も発展していけるのです。先ほど述べた春香の子供が、もし身分の差別を克服するために他の人より努力すれば大物になれるはずです。

人間は違いを認める時に平等になり発展できるのです。違いを認めても、違いのある人を差別してはなりません。怨みと恨み、違いと差別を明確に区別し、間違った感情でカルマを作らないようにしましょう。

前世の秘密

人間は前世を記憶することができません。これは人間が前世を知ってはいけないからです。しかし前世を覚えている人もいます。朝鮮時代、宮殿を建てる土木作業員は若い人たちで成り立っており、経験が少ないにもかかわらず、木材を手際よく切って組み立てました。〝生而知之〟（生まれながらにして之《これ》を知る）前世にすでにその仕事をしていたため生まれた時から知っていたという意味で、輪廻の法則を見せてくれる事例です。

人間は三つから成り立っています。一つめは肉体、つまり物質体で一般的に生身の身体を表し、二つめは心霊体、これは感覚である情緒の身体で心臓がその中心体にあり、三つめが理智体、これがまさに魂で、魂は不滅の存在です。

私の能力の中で、魂に呼びかける能力を例にあげてみましょう。李瞬臣《イ・スンシン》（朝鮮時代の将軍）の魂を呼び出す時は李瞬臣が生きていたその時の記録を呼んでくることであり、ソクラテスの魂を呼び出す時は、現在の生まれ変わりを呼ぶのではなく、その当時の霊体を呼ぶわけです。もしも生まれ変わっている場合は、この二つの霊体が一緒に現れます。それで、その人が生まれ変わったことを知ることができるのです。

前世の跡は、現世のあちこちに残っています。人間は元々苦痛の中で生まれます。赤ちゃんを出産する時、妊婦が味わう苦痛も大きいですが、小さい出口を通じて産まれてくる赤ちゃんの苦痛もこれに劣りません。これと同じように人は死ぬ時も苦痛の中で死を迎えます。特に癌による死亡率が高い韓国では、死の苦痛を減らすために向精神薬であるモルヒネなどを投与します。しかしこれは結局、麻薬中毒者として死を迎えるという、最悪の選択になるのです。

生まれ変わる時には前世の因子をそのまま持って生まれますが、不幸なことに麻薬中毒者として死を迎えた魂は次に生まれた時に自閉症を持つ確率が高くなるのです。救命施食によって確信している事実の一つが、小麦粉やジュースなど強い酸性の飲料水と麻薬成分因子が混ざると腸内でそれが麻薬成分に変わり、その直後脳に損傷が加わり自分でも知らないうちに自閉症を持つようになるということです。

人間が前世を忘れる理由は、知ってはならない理由があるからです。前世は自分の力で見なければなりません。多くの人々が前世を見るために幽体離脱を試みますが、幽体離脱を試みようとする方がいらっしゃるなら、論理や論調にとらわれず単純になることをお勧めします。努力と瞑想を通じて幽体離脱しようとすることは、山で魚を探すのと同じことです。

前世は生きる理由であり、前世のカルマは現世の宿題です。前世を深く知ろうとする必要はありませんが、否定してもいけません。前世があるから現世があって、現世があるから来世があるのです。現世は来世の前世。私たちはこのように巨大な宇宙の輪廻の中で生きているのです。

時間の旅人

お釈迦様は母親のお腹の中から産まれるや否や七歩進んで「天上天下唯我独尊《てんじょうてんげゆいがどくそん》」こう叫ばれました。誕生にまつわる話には色んな説がありますが、この〈宇宙の万物の中で私が最も尊い存在〉として知られている話の真の意味は、私たち人間だけが〝時間〟を超越できる偉大な存在であるという意味です。つまり時間の中にいながら時間を超越して生きられるという悟りが含まれているものですが、しばしば間違った意味に解釈されるので、もどかしいばかりです。

人間は時間についてどれほど知っているのでしょうか。「今何時か」を聞かれたらみんな時計を見て答えられます。しかし「時間とは何か」と聞かれたら答えられる人はあまりいません。なぜなら、国ごとに時間が異なり、地球や太陽系の時間が異なり、太陽系と銀河系の時間もまた異なるといわれているためです。ましてや悟れていない世界と悟った世界の時間は天地ほども違うでしょう。

ですから、人間は時間の分からない宇宙空間で旅するただの旅人に過ぎません。永遠に知ることのできない時間の中をまるで水が流れるように彷徨いながら、死ぬまでどこから来てどこへ行くのかも分からないまま塵となってしまうのです。しかし勇猛精進して時間の概念がはっきり分かるようになると、状況は一八〇度変わってきます。

古代から賢者たちは時間をむやみに使わないようにと教えました。時間に関する金言を並べると膨大な数になるでしょう。このように貴重な時間ですが、ついつい浪費してしまうのが人生です。時間は常に存在するので何も考えずに使っても無限に感じられます。しかし、果たして時間は無限なのでしょうか。

時間は常に存在します。私たちが感じる時間は無限です。ここでいう常に存在するという言葉は、永遠性と結びつけられます。何が永遠でしょうか。それは時間、そして神です。つまり時間は永遠で永遠な存在は神ということなのです。ですから時間こそが神的な存在、まさしく神であるという結論に達することができます。恒常性と永遠性を持つ時間こそが神であり、魂です。これを悟ることで私たちは暗鬱《あんうつ》な時間の旅人の身からやっと逃れることができます。

イエスの弟子たちがイエスに尋ねました。

「神の国にはどんな出来事がありますか」

するとイエスは答えました。

「神の国には時間がない」

科学が発達すると時間を逆に遡ることのできる方法が見つかるかもしれません。しかしそんな時代に生まれなくても自ら時間とは何かを悟れば、その瞬間から私がいるこの場所が神の国になるのです。


時間は無限なようでも、折ってみると一つの点です。つまり無限大の時間は一つの点である今この瞬間と同じです。時間を節約し、時間の流れを主導していってください。時間のオーナーになって初めて時間を悟ることができます。

思想、考え方の法則

　アメリカの貨物車は一旦動き出すと目的地へ向かって何日も走りつづけます。次の事件はアメリカで実際に起きたことです。港町に到着した冷凍車は乗せてきた精肉製品をすべて下ろした後、空っぽのまま帰る支度をしていました。その時に一人の作業員が、休憩のため冷凍車の中に入りました。

　彼は冷凍車の中で少しの間涼もうとしたのですが、うっかり寝てしまいました。目を覚ますといつの間にか貨物車は高速道路を走っているではありませんか。急に殺人的な寒さが襲ってきました。冷凍車の中の温度は〇度前後に違いありません？　でした。

「助けてくれ！　助けてくれ！」

　渾身の力をこめて冷凍車のドアを叩いても、誰も彼の声に気づきません。そうして車は何日も休まず走り続け、彼はやがてゆっくりと死んでいきました。唇は青く変わり、皮膚も凍傷で感覚が失われていきました。

数日後、冷凍車はついに目的地に到着し、何も知らない運転手は荷物を乗せるため冷凍車のドアを開けました。その瞬間運転手は驚愕しました。冷凍車の中には寒さに耐えられず、こちこちに凍って死んだ男の遺体がありました。

しかし冷凍車の運転手は困惑した顔でこういいました。「一体、どうして冷凍スイッチをつけていない冷凍室で凍って死んだのだろう」港から出発した冷凍車は、目的地に到着するまで冷凍システムをつけていなかったのです。積み荷がなかったので、つける必要がなかったからです。

この事件は当時アメリカで大きな話題を呼びました。理解し難い死にＦＢＩまで捜査に加わりました。報告書には、作業員は〝想念〟によって死んだと記されました。つまり、冷凍車の中に閉じ込められる瞬間「この車は冷凍車だから自分はいまに凍って死ぬだろう」という恐ろしい考えが彼を支配し、結局彼は冷凍されていない冷凍車の中で遺体となってしまったのです。

想念の力を知る事例は数多くあります。日本の猿学者が、ある島で土がついたサツマイモを水で洗ってから食べる猿を発見しました。それから間もなく島のすべての猿がこれを真似し、その後サツマイモを海水で洗って食べる姿まで観察されました。

この習慣は時間が経つにつれ日本の猿全体に広がっていきました。学者はただ驚くばかりでした。どうして誰も教えてもいない、見てもいないこの習慣を日本各地の猿たちが真似するようになったのでしょうか。それは想念によって習慣が伝わったのではないでしょうか。

人は考え方が重要です。万事は考える通りに進みます。私はこれを「想念の法則」と呼んでいます。思い込みは本当に怖いものです。空気は目に見えませんが、マイナス千度に下がると鋼鉄より恐ろしい殺人兵器になり、人の命を脅かします。考え方こそ空気です。いつどんな惨劇が待ち受けているのか分からない、目に見えない殺人兵器なのです。

心が苦しい時には思い込みを止めてください。数多くの苦痛を過ぎ、想念を絶つ時、新しい世界に接するようになります。肉体だけに断食があるわけではありません。考えにも断食があります。ニュートンはリンゴの木からリンゴが落ちるのを見て万有引力の法則を見出しました。まさに思い込みを止めた時に閃いたのです。お釈迦様も数多くの苦行をなさいましたが、菩提樹の下で夜明けの星を見て悟りを得たのです。

思い込みの力はみなさんの想像を超えます。よく生きたい人は考え方から変えてください。そうすると人生が変わり、世が変わり、魂も変わります。

竹に花が咲くと

一九七四年の初夏のことでした。釜山の梵魚寺《ボモサ》には青い竹畑が鬱蒼としげっていました。当時、青蓮庵《ショウレイアン》という庵に一週間ほど留まっていましたが、その時に首座《しゅそ》（修行僧の役職名）の一人が慌てて走ってきました。

「大変です。竹林に花が咲きました！」

行ってみると、その広い竹林に真っ白な竹の花が無数に咲いていました。百年に一度咲くという竹の花が咲くと、竹林は雪が降り積もったようになりました。神秘的な光景にすっかり惹きこまれていると、ある僧侶が心配そうにいいました。

「竹の花が咲くと竹林はすべて枯死するといわれますが、何か異変が生じるのでしょうか？」

この広々とした竹林がすべて絶滅してしまうとは……。雪の花のように舞い落ちる竹の花を眺めながら「まさか？」という気持ちを消すことができませんでした。しかしそれから間もなく、梵魚寺の竹林はすべて枯死してしまいました。そして奇しくもその年の八月十五日、陸英修《ユク・ヨンス》（朴正熙《パク・ジョンヒ》前大統領夫人）が朝鮮総連系（在日朝鮮人総聯合会）の文世光《ムン・セグァン》に撃たれ息を引き取るという事件がありました。

中国と日本は昔から竹の花についての研究が盛んでした。特に竹林に花が咲いてしまったせいで、その一帯のパンダが絶滅の危機に晒《さら》されたこともある中国は、いつどうやって竹に花が咲くのかを熱心に研究してきましたが、未だに正確な原因は分かっていません。

ただ竹が花を咲かせる理由として、自分の〝気〟をすべて放出して死ぬための準備をしているという説があります。つまり、竹林が分布した地域の地気が弱まり生存が難しくなると、竹は備蓄しておいた気を放出し、自ら枯死することを選ぶといわれています。

実際、竹の花の開花時期は二十年から百年にわたり、その年月の差があまりにも大きいことから、竹自体に寿命があるというよりは環境の影響ではないかと推測されています。白い花が咲いた竹林の風景は、未だ目の前に鮮やかに浮かびます。自然の神秘を正確に理解することはできませんが、あの時、竹が発散するものすごい気に大変驚いた覚えがあります。

人にもいつか全生涯を通じて凝縮した気をすべて放出する時が訪れます。その日のために一刻も無駄に過ごしてはいけません。また自分の運と気が衰え始めたら、花を咲かせるための準備をしなくてはなりません。

この生涯最後の瞬間に咲かす一輪の花を常に心に留めておいてください。どうか白い雪の花のように清らかで、見る人たちの記憶の中に深く刻まれる美しい人生を送れることを祈っています。

終点はどこ？

仏教には〝萬法帰一《ばんぽうきいつ》〟という言葉があります。すべての事は一つに帰るという意味です。人生も同じです。数多くの道があるように思えますが、降りる終点は一つです。問題は誰も自分の終点がどこなのか分からないということです。

昔ソウルにはバスの終点は新村《シンチョン》と中梁橋《チュンリャンギョ》、この二つだけでした。当時は車掌が二人いました。バスを運転する車掌の他に切符を受け取り乗客の乗・降車を助ける車掌がいました。新村方向のバスでの出来事でした。衛生病院というバス停で大きな荷物を抱えたお婆さんが乗りました。お婆さんは運転する車掌からいちばん近い席に座り通路にたくさんの荷物を置きました。

車掌は通路に荷物が置かれたことに神経質になっていましたが、お婆さんはまったく気にもしませんでした。そのうえお婆さんはバスが停車するたび車掌に「ここは何処のバス停ですか」「祭基洞《チェギドン》です」「ここは何というバス停です？」「京東市場《キョンドン》です！」と尋ね続けるのです。

バス停はいくつも通り過ぎているのに、お婆さんが尋ねるばかりで降りる様子がないことを不思議に思った車掌は尋ねました。「お婆さん、一体どこで降りるのですか」するとお婆さんは「終点で降りるよ」というのです。

あきれた車掌は「終点で降りるなら今までどうしてバス停の名前を聞いたのですか」と尋ねると、お婆さんは「娘が終点で降りるようにいったが、終点というバス停がどこだか分からないからね」と答えました。その瞬間乗客たちは爆笑してしまいました。お婆さんは〝終点〟がバス停の名前だと思っていたのです。

人生というバスに乗るといつかは降りなければなりません。その降りる所が人生の終点、つまりカルマの終点です。人によってカルマの終点は異なります。ある人は遠くまで行くし、ある人は乗ってすぐに降りることもあります。しかし、終点が人によって異なることを知らず、人々は人生のバスに乗る時、常に自分は終点で降りると思い込んでしまいます。目の前に自分の終点が来ていることにも気づかず、また終点がずっと先だとしても私たちは知らずにいます。

一旦バスに乗ったら目的地まで無事に着かなければなりません。そのためには、人の信頼を失わず正直であるべきで、何より自分自身を騙さないようにしましょう。また最善を尽くしても叶えられなかった夢があったら、潔く諦めて次の機会を待つ心構えも必要です。そうすると、バス停の終点がどこなのか聞く必要も、終点だと思って間違えた所で降りることも少なくなるでしょう。

よく生きてよく死のう

先日、ラジオでパキスタン地震の被害現場で、生存した子供の話を聞きました。「他の友達はどこにいるのか」と問いかけると「インシャラ」と答えたと聞いて胸が痛みました。これは〈神の意志で天へ行った〉という意味です。死は果たして神の意志なのでしょうか。

ある僧侶が訪ねてきて、入寂《にゅうじゃく》（僧が亡くなること）なさった高僧のために救命施食を行いました。彼は偉大な高僧の〝客死《かくし》〟に相当なショックを受けたようでした。私は救命施食をしないほうがいいと考えました。そのお坊さんは高僧が客死したと考えたのかもしれませんが、これは決して客死ではなかったからです。そして救命施食に現われた高僧の霊は弟子を叱り飛ばしました。

「私は客死したわけではない！　悟ってない者には客死があるかもしれないが、悟った者に客死はない。極寒の中、深く積もった雪に鼻を突っ込んで死んだとしても悟った者にはそれは客死ではないのだ」

自分がどこから来たのか、またどこへ行くのかを知らずに死ぬことが客死です。いくら古代皇室の生まれで優雅な暮らしをして楽に死んだとしても、悟りのない死は客死なのです。そのため、悟った人に客死したという言葉は使えません。さらに高僧は「私たちの体が自然からきて自然に還るように、痛いという苦痛の実体も同じく自分のものではないのだ」と死の本質について語られました。

死は自然から借りた物を返すことです。返したら何も残りません。残るのは業だけです。人間は自然から来たので、それを返すのは当然のことです。借りたら返せばいいのです。どこに、どうやって返すのかは重要ではありません。

簡単にいうと、死はレンタカーを返すのと同じです。レンタカーを返す時には、タイヤがパンクしてはいないか、車に傷はないか、ガソリンはいっぱいになっているか細かくチェックします。同じく自分の体を返す時にも、他人に借りた物はないのか、恨まれてはいないか、などのカルマをチェックします。

人はいつか死にます。しかし、死ぬことを恐れないでください。神は人間の死をとても羨ましく思っています。死があるから魂は進化できるのです。魂は数多くの人格と肉体をもって再び生まれます。山あり谷ありの人生も、永遠に生きる魂の観点からみると短いドラマに過ぎません。


よく生きなければよく死ねないし、よく死ななければよく生まれ変われません。死をひとつの生理として受け入れて幸せに迎える時、来世でよく生まれ変われることを忘れないでください。

第6章

魂を知ればよく生きられる

私がまさに魂である

「魂は本当にありますか」と聞く人がたくさんいます。しかしそうやって聞いた瞬間に魂はありません。魂について聞く人は、魂との関係について深く入ることができません。つまり自分が魂だと信じたその瞬間から魂の世界に入ることができます。特殊メガネをかけて初めて見えるものがあるように「自分が魂である」と信じることができる人だけが魂を見ることができます。

魂と比較して多く使われている言葉があります。心、精神、心理です。

「あの人は心が本当にきれいだ」

「あの人は精神的におかしい」

「あの人の心理が分からない」

と使いますが、その三つの単語は魂と異なるだけでなく、それぞれ意味も異なります。

まず、心は肉体と魂の間の空間を示しています。精神は自分が生まれ持ったカルマや気、つまり魂が自分に及ぼす力で、自分の心に神が宿ることを表しています。心理はよしあしを判断する心と精神の状態です。

また、運命、宿命、天命という言葉もよく混同して使われます。運命とは自分の意志や努力である程度変えられるものです。身分が上がる、富の蓄積などが運命に当たるでしょう。宿命とはどうしても自分の力では越えることのできない壁を指します。与えられた性別、生まれた国などは努力しても変えられません。天命とはこうして生まれるしかない天の意志です。

人の持つ透き通った曇りのない魂は、人間に与えられた運命よりはるかに偉大です。魂が存在するかどうかを知りたい人は、自分自身を冷静に観察してください。魂は遠くにあるものではありません。魂はまさに自分自身なのです。これを知らずに魂がどこにあるのかと聞く人は、自分の存在までも否定するまさに〝灯台下暗し《とうだいもとくらし》〟の人です。

月、魂、そして愛

魂は美しいものです。しかし月は恨めしいものです。この魂と月にはどこか共通点があるように思えます。魂の世界は人間の人生に目に見えない何らかの影響を及ぼしています。その点を考えると月も同じです。

私の信ずる世界では、月は水です。人間の生命も水から始まりました。私たちが母親のお腹の中にいた時には、水の中で生活していました。母親のお腹の中にいる時の水は塩水です。塩水といえば海が思い浮かびます。生命の源である海は月の影響を最も大きく受けています。月が欠けたり満ちたりすることによって、海も満ちたり干いたりします。それだけではありません。漁師の方たちはご存知だと思いますが、満月に捕る魚のほうが美味しいのです。横歩きするカニも満月になると肉がぷりぷりしてさらに美味しくなります。

私はこのようなことがすべて月の影響だと思っています。しかし、私たちは月の影響とはどんなものなのか、そして月がどんな力を人間や地球に及ぼしているのか知らずに暮らしています。しかし、このように月が私たちの目に見えないところで大きな力を発揮するように、魂の世界も人間の現象界に大きな力を現しています。人の幸、不幸、そして前進や後退、歴史の動き、そして国家の運命に至るまで、実際に人間の万事は魂の世界の動きに従って動かされています。

もちろん現象界のこの動きが、常に魂の世界の支配を受けているという意味ではありません。むしろこれより重要なのは現象界において魂の世界も現象界の動きを通じて意志を実現できるということです。そして個人や集団、国家の意志、執念、目標も重要であるといえます。

しかし、生きている者たちの意志や志も、魂の世界が持っている力に従って動く時、さらに大きな力を発揮することができます。二十年余り救命施食を行い、ずっと前から魂と疎通しながら感じたことは、月と魂が似ている点が多いということです。

月が恨めしいように魂の世界も恨めしいことが多くあります。しかし魂の世界は、運動選手の高鳴る胸のように情熱的な力も持っています。月と魂の持っている最も重要な共通点は、これらが〝愛〟を持っているということです。魂の世界も同じです。人間が魂の世界を持っているということは、天地神明が人間に授けた最も大きな祝福であり、愛なのです。なんの条件もなしに人間に魂という美しい実体を授けました。

この魂を美しく成長させることは人間の役目です。魂を美しく成長させる過程が生命を持つ人間の義務であり、必ずしも宗教を持っていて道を磨いた人だけが魂を美しく成長させることができるわけではありません。企業家も政治家も芸術家も職業を問わず、自分の魂を美しく輝かせることができます。

みなさんの魂は美しいです。月から教わった愛で、自分の魂が美しく輝けるよう成長させていってください。

霊は決してタダ飯を食わない

中国の晋に石崇《そっすん》という金持ちがいました。石崇の四柱推命《しちゅうすいめい》（中国で陰陽五行説をもとにして生まれた人の命運を推察する方法）の結果は私と同じです。しかし、石崇が初めから金持ちだったわけではありません。ある日、古い墓の傍を通りすぎた時、墓から骨が出ていたそうです。かわいそうな気がして、自分の下着でその骨を大事に包み日当たりのよい所に埋めてあげました。

すると、その日の夜、夢に項羽《こうう》が現れて「私を埋めてくれてありがとう。そのお返しにたくさんの金をあげよう。ある湖に行くと金があるが、一度に全部出して使わないでこっそり少しずつ出して使いなさい」というのでした。石崇は項羽がいったとおり、欲張らず少しずつ金を出して使い、大金持ちになりました。そのことから昔から年配の方たちは「石崇のような金持ちになりなさい」というのです。いいことや考え方ひとつをよくすると誰でも金持ちになれると思います。特に救命施食をしてみて分かったのは、霊魂を心から慰める人は福をもらうという事実です。

十年前、ニュージャージーにいた時のことです。ニューヨークのマンハッタンで食料品店を営んでいた男性が訪ねてきたことがあります。「法師様、どうすれば成功できるのでしょうか。私も誰もが羨むような生き方をしてみたいのです」という彼の切なる気持ちに「霊魂によくするといつかは成功できますよ」と答えてあげました。

その後十年が経ち、ニューヨークに行くと彼が再び私を訪ねました。状況は一八〇度変わっていました。彼はすでに移民の社会では誰もが知る財産家になっていました。厳しいアメリカの不景気の中でもなぜか彼の食料品店だけはお客であふれていたといいます。だからといって店の位置が特によいわけでもなく、特に妙策があったわけでもないのに、毎日長蛇の列を作りました。

「法師様のおっしゃることをよく考えてみました。そして私なりに金持ちになれる秘法を実践しました」彼は自分が金持ちになった本当の理由を私だけに教えました。

彼の家の前には共同墓地がありました。彼は毎朝、共同墓地の前を通りながら「霊魂によくすると金持ちになる」という私の言葉を思い出し、毎日墓地の前に車を止め、一分間彷徨う霊魂たちのために祈りました。その墓地は百年以上の長い歴史を持つ所で、縁故のない墓の数がたくさんありました。霊魂たちを心から慰めてから一日を始めると、以前は暇だった食料品店が急にお客であふれるようになりました。彼は感謝祭やクリスマスになると共同墓地に行き、まるで祭祀を行うように食べ物を捧げました。

「一所懸命焼いた七面鳥を共同墓地に置いて祭祀を行うと、通りかかった人たちが私を変な目で見ました。しかし霊魂は喜んだに違いないのです。いちばんお客が多かった時が感謝祭とクリスマスでしたから……。他の店より五倍も多かったんですよ」こうして十年間食料品店一軒で移民の社会で知られる財産家になりました。

霊はタダ飯を食べません。現在行き先が分からず苦しんでいる人がいたら、周りの魂をよく慰めてください。ご先祖様でもいいし、石崇やマンハッタンの食料品店の店長のように知らない霊魂でもいいのです。金持ちになればなるほど餅を載せた荷車は増えるものです。その意味は、金持ちはご先祖様と霊魂を慰めるために祭祀を行いますが、そのためには餅をたくさん作ります。それで餅を載せた荷車が増えるのです。ご先祖様を大事にし、霊魂を心から慰めることが何より重要でしょう。よく生きたい人、または願いを叶えたい人は、霊魂をよく慰めてください。

祭壇に棗、栗、柿を供える理由

祭祀を行う際に、必ず知っておかなければならないことがあります。それは、二周忌はどうしてあげるのか、また祭祀にどうして〝棗《なつめ》〟〝栗〟〝柿〟を供えるかなどです。

両親が亡くなると韓国では二周忌を行います。多くの方々にその理由を尋ねると、魂が三年ほどこの世に留まってから去るからだという答が返ってきますが、違います。二周忌を行う理由は、人が生まれて人間らしい形になり、自我が芽生えるまでに二年を要します。

それに母親のお腹の中で過ごす十ヶ月を足して、三年になるのです。この三年間自分を育ててくれた苦労に報いるために二周忌を行うわけです。最近はこれを略して百日忌を行いますが、それでも二周忌の意味だけは知っておくべきでしょう。

では、祭祀に棗、栗、柿はどうして供えるのかご存知でしょうか。まず棗の意味からご説明します。昔から棗の木は雷に打たれたものを逸品としました。その雷に当たった棗の木はお守りとして身につけていたほどご利益があったのです。

棗はあまり虫に食われず、免疫性や耐性が強く〝子供〟を象徴する意味としてよく使われました。結婚式の際に棗を投げながら「子供をたくさん産んで幸せに生きなさい」と言葉をかけるのも棗のこの深い意味からはじまり「子孫を断つな」という意味も持っています。ここには霊的な意味も強く、血肉で子供を産むという意味よりは、代々受け継がれるご先祖様の精神を称えようという意味で棗を祭祀に供えました。

栗は「原形のまま保存しろ」という意味を持ちます。他の植物の種は元々の種の形を失いながら芽が出ますが、栗は芽が生えても本来の形をそのまま維持します。先日、山に栗を採りに行った時、本当に栗の木が根っこに栗の実をそのまま維持しているかどうかを見るために軽く栗の木の根を掘ってみると、驚くことに栗の実がそのまま残っていました。

硬い栗の実の上に大きな柱を立たせる栗の木のように、私たちの原形であるご先祖を一時も忘れてはならないという意味で栗を供えるのです。そのため、昔はお葬式に遺体がない場合には栗の木を人の形に彫って棺に祀り、神主壺《シンジュタンジ》（最初に収穫した種を神に捧げるために入れた壺）も栗の木で作りました。

また、どんな果物でも三日間食べ続けると害になるといわれ、主食にはならないのに対し栗は生で蒸したり焼いたり干したりして食べるなど、色々と調理して食べてもいいし、主食としても食べられます。

このように活用度が高い栗を見ていると両親の愛が思い出されます。硬いイガと皮を取り除いた後も薄皮に包まれていて簡単には食べられない栗のように、両親の愛もまた罰を与える時の鞭の音や厳しい叱咤の中から真の愛を見つけることができます。

最後に、柿は必ず完熟した柿を供えます。この完熟した柿がない場合には、干し柿を代わりに供えます。なぜでしょうか。その理由は種にあります。柿はその種を植えて木になり、一定の時間が経った後に挿し木をすることでちゃんとした木になります。この挿し木を教育にたとえると、人間もある年齢に達し、柿に挿し木をするように、正しい教育を行うと正しい人間になるという意味を持っているのです。

これでどうして二周忌を行うのか、祭祀に棗、栗、柿が欠かせない理由がもうお分かりになったと思います。食べたり着ることひとつにも意味を持たせたご先祖たちの知恵に頭が下がります。

アインシュタインからの宿題

アインシュタインは、科学の最後の仕事は〝魂〟を証明することだといいましたが、彼が死んで数十年が経った今も科学は魂を証明できずにいます。しかし科学は絶えず、人間と宇宙、魂を研究してきました。

過去に天動説を主張したプトレマイオスの天文学は人間を宇宙の中心とし、地動説を主張したコペルニクスは人間を宇宙の一部と認識しながらこれを発展させていきました。ニュートンの物理学は目に見える彼岸《ひがん》の世界の力学関係を理解し始めました。

アインシュタインの相対性理論は絶対的な認識と個人的な認識の間の制限的関係を理解しようとする人間の姿を。量子物理学は目に見えない意識と目に見える世界との関係を悟らせてくれる人間の姿を反映しています。

もはや科学は人間と宇宙のみならず、小宇宙であり宇宙そのものである人間について解き明かそうとしています。

アインシュタインは宗教のない科学も、科学のない宗教もあり得ないと述べました。これは、魂は未だに不可視の領域ではありますが、いつかその存在が証明される日が来るだろうと信じていたからです。

もし魂が科学的に証明されることを望んでいるなら、可視的分野である光学から接近することをお薦めします。光学を利用した研究は何よりも魂の色を規定、魂を証明する道を開いてくれると思います。

私の信ずる世界で、魂の色として知られる白と黒は、赤、緑、青のように色ではないことがすでに明かされています。白は光の可視波長の領域をすべて合わせた色であり、黒は可視波長の領域にない色です。

従って光学では黒を一種の不在として見ています。

これは私たちが大きな災難が起きた日をブラックデー、絶望に陥った状態をブラックモード、理性が欠けている時代を暗黒時代というのと通じるものがあります。黒が色ではないとすると、魂の色は白ではないでしょうか。すべての光をひとつに合わせた究極の色である白。この白に関する研究がより深く進めば、近い将来に科学が魂を証明する日も来るだろうと思っています。

菩薩は誰？

悟った人は自分のために悲しみません。ただ他の人のために悲しみます。しかし人のために悲しんでも、自分のために悲しんでいるように映ります。悟った人を理解することはとても難しいのです。わずかな知識で、彼らの悟りを試そうとすると、大きな報いを受けます。

仏様と菩薩の違いを話してみましょう。辞書的な定義によると、菩薩は仏様に次ぐ聖人ですが、まだ仏様になっていない状態であると記されています。この定義で正しいのでしょうか。それなら、菩薩とはどんな人なのでしょうか。

一つめ、菩薩はすでに悟った人です。

彼は楽しさや苦しさをすべて甘受し、その執着の念をとうに捨て去りました。彼は人間世界に住んでいるので、私たちの目には彼が普通の人と同じように楽しい時にはとても楽しそうに、悲しい時にはとても悲しそうに映るかもしれませんが、それだけで菩薩を評価することはできません。

二つめ、菩薩は衆生たちが悟りの境地に入るまで、自分の仏法がすでに成就されても決して悟りの境地に入りません。

地蔵菩薩が地獄の衆生みんなが極楽に行くまで決して仏にならないと誓ったように、自分の誓願《せいがん》（仏道を志すものが願いを成就させるという誓い）を立てているのです。菩薩はすでに解脱の境地に入りましたが、生死の海にそのまま留まっているのです。生きて死ぬ生死の海での生活をありのまま受けいれて楽しむ人、それが菩薩です。

三つめ、菩薩はすでに世の荒波の苦難を克服しました。

人が見た時には絶えず苦悩しているように見えるかもしれませんが、これは一種の演技です。菩薩には「自分のせいだ」という後悔がありません。

四つめ、菩薩は衆生をみんな愛していますが、決してその愛する対象に執着しません。ただ菩薩のその愛が執着するように見えるのは、前世の自分が作った縁、つまりその縁に対する愛着のため、愛するように見えるのです。いくら菩薩でも自分が作ったカルマはあるからです。目連尊者が地獄にいる衆生の中から自分の母親を救いに行ったり、舎利弗が家族に愛着することもすべて自分の行いのカルマに従うだけなのです。菩薩は愛に執着しませんが、他の人にはとても愛しているように見えます。

五つめ、菩薩は自分のすべてを知る知恵がありますが、決して知っているそぶりを見せてはいけません。

菩薩が他の人にそれを知っているというと福が減ります。菩薩はこの世界がどう生まれたのか、どこへ行くのかもよく知っていますが、人にむやみに漏らしてはいけません。これのよしあしをいう必要もないのです。

最後に菩薩は自分が法輪《ほうりん》を転がり、仏法を悟ったとしても続けて仏にならずに、常に世《ぜ》世《ぜ》生生《しょうじょう》菩薩として来ようと誓いを立てます。菩薩がこの世でみなさんとともに生きながら笑い泣いてくれるからといって、軽々しく彼の悟りを試したり知識を測ったりしてはいけません。私は菩薩をこのような人だと考えています。

宗教は恋人のように

私たちは宗教を換えることのできない母親のように思っています。実際に世界で数多くの人々が、宗教の選択権のない宗教国家に生まれます。しかし、ここで問題が起こるのです。宗教が母親だと考えるため、戦争の七〇パーセントが宗教によって発生しました。宗教は母親ではなく恋人です。なぜなら宗教は人生そのものではなく人生の過程だからです。

宗教は死について勉強することであり、人間を拘束してはいけません。人は死ぬとみんな天国に行くと信じて宗教を信仰しますが、そのような考えを持って死んだのに彷徨っている魂を多く見ました。宗教の重要性はこうしなければならない、ああしなければならないという強要にあるのではなく、ただ宗教によって心の安らぎを得ることにあります。また、宗教は職業ではなく趣味でなくてはいけません。宗教が職業になると、人に助けられなくてはならず、人を訓練させざるを得なくなり、それによってカルマを作ることになります。

これからは宗教より文化を優先する時代が来ます。そして宗教の形も変わるでしょう。新たな第三の宗教は特定の集団ではない、自分の哲学や瞑想、そして自然とともにある同好会のような形の集まりになるでしょう。

宗教の究極的な目標は皮肉なことに、宗教がない世界を作ることです。果たして宗教がない世界を作るためにはどうすればいいのか、自分に問いかけてみてください。

神は心の中にいる

国や人種ごとに信じる神は異なります。神は普通、三つに分けられます。一つめは力の強い神です。戦場で勝てるように祈願したり、病が治るようお願いしたり、お金をたくさん稼げるように願う時には、力のある神に祈ります。二つめは思想的な神です。知恵と知識、イデオロギーと哲学、論理的思考を掌握している神です。三つめが愛の神です。ロマンやエロス、美はこの神の管轄にあります。

神は距離的に遠くにいるように思われ、神殿や教会、寺に行って、ようやく神に遭遇したように感じられます。しかし神はとても近い所にいるのです。

学生時代、カンニングの天才と呼ばれていた友人がいました。どれほど視力がいいかというと、靴にびっしり書きこまれた答案を盗み見ることができるほどでした。試験の度に成績がよくてみんなに羨まれていました。その友人は「勉強だけできてもしょうがない、要は実力が大事だ」といいながら、カンニングの腕を自慢していました。先日私はアメリカで、彼が詐欺罪で連邦刑務所で服役中だという話を聞きました。

人は自分の過ちを神に告げ、許しを請うために司祭を訪ねます。しかし自分自身が堂々としているならば、わざわざ司祭を訪ねる必要はありません。なぜなら、自分自身がまさに神であるからです。詐欺罪で刑務所に送り罰を下すのは、天でも高い所にいる神様でもありません。自分自身が罰を与えているのです。もっと正確にいうならば、自分の中の神が罰を与えているのです。

偉大な宗教は、天にいる神を指差すことではなく、自分の中にいる神を見つけることです。〈羅漢に逢ったら羅漢を殺し、菩薩に逢ったら菩薩を殺し、釈迦に逢ったら釈迦を殺し、祖師《そし》に逢ったら祖師を殺し、自分に逢ったら自分を殺す〉ように、誰が何といっても自分自身が最も美しい神なのです。

〈自《じ》燈《とう》明《みょう》法《ほう》燈《とう》明《みょう》〉「ただ自ら灯火をつけ、その真理を灯りにして進みなさい」というのがお釈迦様の最後の教えです。これは「自分の中の神を信じて、自ら灯りを照らして行きなさい」というお言葉ではないでしょうか。力の神、思想の神、愛の神よりも自分の中の神が最高の存在なのです。

人間は花より美しいのです。自分の中の神は、どの神よりも美しく大きな力を持っています。挫折しないでください。諦めないでください。自らを卑下しないでください。自信を持ってください。信じてください。愛してください。恐れないでください。このすべてが魂を成熟させるための過程なのです。どこから来てどこへ行くのか分からなくても、宇宙は美しく、その中の魂はさらに美しく偉大なのです。

心の散歩 あなたの素敵な人生のために

2008年11月28日　　第一版第一刷発行

著者　車 吉 辰
発行者　朴 世 庭
発行所　早稲田インテリジェンス 株式会社
〒169-0051　東京都新宿区西早稲田2-15-10 西早稲田関口ビル
TEL(03)5155-3694　FAX(03)5155-3695
発売　株式会社 そしえて
〒102-0072　東京都千代田区飯田橋4-8-6 日産ビル
TEL(03)3234-3102　FAX(03)3234-3103

カバーデザイン　渡邊 民人（TYPEFACE）
本文デザイン　堀内 美保（TYPEFACE）
ディレクション　池田 聡史（東京書籍印刷）
印刷・製本　東京書籍印刷 株式会社

ISBN978-4-88169-183-0 C0098